蔣貢康楚閉關手冊
JAMGON KONGTRUL'S RETREAT MANUAL

蔣貢康楚羅卓泰耶◎著

雅旺桑波◎英譯

項慧齡◎中譯

獻給我的上師卡盧仁波切。

事實證明，

他的愛、智慧與充滿創意的心靈，

是永不枯竭的寶藏。

——雅旺桑波（Ngawang Zanpo）

目次

英文版譯者前言

將近十五年來,《蔣貢康楚閉關手冊》一直是我的一個珍貴友伴。我在參加一個禪修訓練課程期間,接觸了這本閉關手冊;這個禪修訓練課程以閉關手冊所描述三年又六週的閉關為模型而規劃。我完成了兩次這樣的閉關。在這些年期間,雖然我從未覺得自己達到了等同於蔣貢康楚仁波切對於閉關行者的期望,但是他的話語卻常常帶來啓發和鼓舞。對於那些已經圓滿閉關的人而言,此時此刻拜讀蔣貢康楚仁波切的金玉良言,仍然是一種令人感到謙遜的體驗。

閉關修行生活的指引

在喜馬拉雅山區,三年又六週的閉關是構成密續佛教教育的重要制度之一。在四個主要寺院系統中的寧瑪和噶舉這兩個系統中,只有那些圓滿了這類閉關的人,才能取得「喇嘛」頭銜。儘管每一個閉關中心所提供的訓練課程有所差異,但是本書卻完整呈現了作者所設計的閉關課程的觀點。本書作者蔣貢康楚仁波切是十九世紀著名且備受尊崇的禪修大師,因此,本書提供了一個基礎以了解許多其他類似的制度,而這些制度仍然是那些想要成為「喇嘛」的人所必須接受的訓練。

《蔣貢康楚閉關手冊》為進入三年密集禪修課程的人提供

一個指引。作者在提出忠告之餘，並沒有給予如何進行禪修的教導，而只是列舉了構成閉關的禪修種類。本書的英文版則針對書中提及的禪修種類增補了一些細節，但是關於觀想內容的資訊卻一直沒有包括在內。不論是在蔣貢康楚仁波切的時代或此時此刻，密續的禪修教導仍然屬於一個禪修者及其所信任的靈修指導者之間的關係範疇。同樣的，展開一個長期閉關的決定，也隸屬於這個關係範疇之內。本書清晰明確地描述了這種心靈和修行生活的教導，但是把這本閉關手冊翻譯成為英文，卻不是以鼓勵讀者去考慮從事這種閉關為動機。

　　我希望透過本書，我們能夠了解存在於喜馬拉雅山區的密續佛教「不分派」觀點，並且認識到蔣貢康楚仁波切的重要性。在除了藏文之外的任何語言中，這兩個重要的主題：密續佛教「不分派」的觀點和蔣貢康楚仁波切的重要性，都尚未受到應得的關注。書中〈英文版譯者導讀〉簡短記述了蔣貢康楚仁波切的生平和思想，其中包括翻譯成英文的蔣貢康楚仁波切語錄；他的生平和思想對於這本閉關手冊有重要的影響。在這些語錄中，有些相當冗長，但是我希望讀者能夠慶幸自己有機會閱讀蔣貢康楚仁波切的想法和思慮。相較於本書所提及的蔣貢康楚仁波切的生平和著作，尚有許多可資記述的部分，不分派運動也還有許多可資著墨的部分。沒有一個作家能夠用隻字片語公平地評判一個人的生平，更別說如蔣貢康楚仁波切這般

多才多藝天才的生平。如此簡短地描述他的生平,並且把焦點放在與本書主題有關的生平事蹟上,我已經在不知不覺中冒了扭曲他思想的風險。但是如果我的侷限發揮了拋磚引玉之效,促使其他人帶領不諳藏文的讀者更加詳細地了解蔣貢康楚仁波切,那麼至少冒這個風險是值得的。

許多偉大上師的根源

　　許多曾經是蔣貢康楚仁波切法嗣的偉大上師在最近圓寂,因此,了解蔣貢康楚仁波切似乎比十年前更加重要。在這些偉大上師的冗長名單中,包括一些把佛教引進喜馬拉雅山區之外的國家的重要人物:大寶法王噶瑪巴、敦珠仁波切、頂果欽哲仁波切、薩伽仁波切、帕渥仁波切、德宗仁波切、邱陽創巴仁波切,以及我的主要上師、也是蔣貢康楚仁波切轉世的卡盧仁波切。這些上師在蔣貢康楚仁波切平易近人的風格之下被訓練,在他柔和卻具權威的聲音之中被教導,承續蔣貢康楚仁波切的事業,不偏不倚地推動發展所有佛教修行的形式。由於當代許多佛教徒都深受這些上師的影響,因此他們的辭世迫使我們重新去重視他們教導的根源:蔣貢康楚仁波切。

　　本書首重的焦點是三年又六週的閉關,這是喜馬拉雅山區的密續佛教不可或缺的教導。但是,我選擇翻譯這本既是蔣貢

康楚仁波切生平的核心，也是他展現不分派理想的閉關手冊，
卻不是一個巧合。

關於翻譯的風格

　　我無意創新或挑戰翻譯的風格。在從事本書的翻譯工作
時，我偶爾會在比較不重要的地方脫離傳統的規範，而這些比
較不重要的部分，通常是指我偏好採用英語用語，而捨棄其梵
文或藏文的同義字。另外，本書所保留的外語詞彙，則表示了
我身為一個譯者的侷限。

　　人名保留了原來的形式，例如一個人在他的時代為人所知
的名字，此舉脫離了存在於西藏作者之間的常規和慣例，他們
把大多數的印度姓名翻譯為藏文。我針對這個問題，詢問了三
位傑出的大師，並且得到三種不同的答案。其中一位大師是已
故的達桑仁波切，他覺得在英文翻譯中，所有印度的人名或諸
佛菩薩、本尊的名號，都應該重新翻譯成為梵文。另外一位大
師創古仁波切則引用了一本建議早期的西藏譯者如何從事翻譯
的書籍的說法，來支持他的想法：任何可以被翻譯的，包括
所有的人名在內，都應該翻譯成英文。儘管我個人贊同這個意
見，但是在這裡卻遵從了第三位大師泰錫度仁波切的忠告。泰
錫度仁波切表示，西藏譯者翻譯那些人名乃錯誤之舉；這些人

名不應該被翻譯。他說，諸佛菩薩和本尊的名號應該被翻譯，因爲祂們不是人類。我衷心敬重這三位大師，對我而言，他們的意見都是重要的。我選擇遵循泰錫度仁波切的忠告，是因爲這似乎是最切合時宜的，我希望這個結果不會讓那些習慣接觸大量梵文的讀者感到迷惘。在本書的末尾（附錄三），列舉了出現在正文的人名。

在導讀或正文所引用的書籍名稱，以英文標題來呈現。可惜的是，在這些藏文書籍中，只有極少部分被翻譯成任何一種外國語言。這些書籍的藏文名稱列舉在本書末尾（附錄一與附錄二）。在確認原著的時候，這個資訊是重要的，因爲藏文書籍的標題經常長達兩、三行，任何一個譯者都必須決定應該擷取原書名的哪一個部分來做爲英文書名。舉例來說，本書的藏文書名全名應該被翻譯爲《安適喜樂的來源：八蚌寺殊勝遍在大樂閉關中心閉關行者戒律之清晰指引》。本書的書名捨棄使用原書名的全名或部分名稱，似乎更加實際，也更能描述書中的內容。翻譯者必須做出這些決定；本書所提及的許多書籍的英文名稱，可能會在某一天以一個全新的書名出現。

專門術語的問題

關於專門術語這個問題，讀者或許會注意到，我避免把喜

馬拉雅山區的佛教稱爲「西藏」佛教。在喜馬拉雅山區的佛教所使用的主要語言肯定是藏文，但是許多過去和現在的上師，以及遵循這種形式的心靈發展的弟子們，卻都不是西藏人。這些非西藏人包括印度人、不丹人、尼泊爾人、錫金人，以及居住在喜馬拉雅山區許多其他種族和語言群體的成員，他們分享一個共同的信仰，使用相同的語言來持誦祈禱文和從事禪修，但是他們之中有許多人並不是西藏人，如同羅馬天主教徒不一定是義大利人一般。就蔣貢康楚仁波切個人而言，他通常撰寫「喜馬拉雅山區」的佛教，而非西藏的佛教。我自己則欣然地遵循他的範例。

　　本書鮮少提及寧瑪、噶舉、薩迦和格魯等字眼，只有當蔣貢康楚仁波切用這四個字眼來指稱它們所代表的事物，即喜馬拉雅山區四個主要的寺院系統時，我才會使用這些辭彙。在蔣貢康楚仁波切大多數的著作中，大多數時候都是從禪修傳承的觀點，尤其是八個實修傳承的觀點來討論喜馬拉雅山區的密續佛教（關於這一部分，〈英文版譯者導讀〉有更完整的討論）。雖然在翻譯的時候，有一些不可避免的缺點，但是在本書中，這些禪修教授傳承的名稱仍然這麼呈現：舉例來說，「馬爾巴噶舉傳承」在這裡被翻譯成爲「馬爾巴口耳傳承」；而「噶舉」（Kagyu）這個字，則是一個鮮少被使用的名稱，即「四口傳傳承」（Kabab Shi'i Gyupa）的縮寫，也是傳承起

源的部分參考。儘管這種譯法並不精確，但是在這本書中，我們使用「口耳傳承」，而這樣的譯法肯定不是第一次被使用。

　　在西藏的典籍中，「喇嘛」這個字出現的次數非常頻繁，但是卻很少出現在翻譯的書籍中。在藏文中，「喇嘛」這個字可以指任何完成三年閉關的人，或一個證悟的上師，他能夠引導一個人通過所有修行的次第，達到完全而徹底的證悟。我的上師曾經說，前一種「喇嘛」相當普遍，後一種「喇嘛」則非常罕見。儘管藏文使用同一個字眼來形容這兩者，但是本書的英文版，我們用「喇嘛」來代表蔣貢康楚仁波切所指的完成三年閉關的人，用「精神上師」來代表蔣貢康楚仁波切所指的已經證悟的男性或女性的指引者。

忠於蔣貢康楚仁波切

　　我曾經為了不知道要如何處理蔣貢康楚仁波切稱密續佛教為「密咒」的習慣而困惑。在現代的佛教徒之間，「密咒」不是一個流行的詞彙。儘管「密咒」這個詞彙聽起來有點古怪，甚至令人反感，但我還是決定把個人的偏好放在一邊，而忠於蔣貢康楚仁波切的風格。

　　這本閉關手冊插入了導讀的段落，為修行法門的討論提供了背景資料和歷史脈絡。為了更清楚地區分導讀和正文，正文

部分的文字是以仿宋體來呈現。最後，在註釋與附錄的部分，一個詞彙的藏文同義字有時候會被放在括弧內。

致謝

本書的翻譯，在各個階段受到許多人的協助或建議而獲益良多。喇嘛宗竹和喇嘛烏澤左帕兩人在卡盧仁波切的指導下，於本書所描述的閉關中心圓滿三年的閉關，在解開蔣貢康楚仁波切的口語風格的疑難方面，幫助特別大。宇達祖古、伉楚仁波切、格西蘇南仁千、臧卡仁波切（透過彼得‧羅勃茲）、天帕給桑醫師和尼瑪滇津巴西等人的貢獻，也有助於我了解藏文原書的內容。他們都竭盡所能地確保這本書是正確無誤的；如果本書有任何錯誤，完全要歸咎於譯者。喇嘛竹舉滇津（俗名東尼‧查普曼）給予我無價的支持和鼓勵。我也感謝凱蒂‧羅傑斯、喇嘛昆桑多傑（俗名奧立佛‧布涅特）和麥克‧雷的建議和批評。

在此期間，我使用印度蘇那達國際佛教翻譯委員會的電腦設備，並且「利用」該委員會同事們對於我的曠課的巨大耐心，予以感謝。

最後，台北的法葉‧安吉凡和索那達寺的嘉晨喇嘛，在我翻譯本書期間給予物質上的支持，他們的慷慨是即時的，我深

深地感謝。同樣的，我也虧欠東京的廣田一家人，他們仁慈地
贊助我前往蔣貢康楚仁波切位於康區的閉關中心，在那裡，我
找到了許多問題的答案。

英文版譯者導讀

把《蔣貢康楚閉關手冊》翻譯成為英文，是希望略盡棉薄之力，幫助我們了解佛教密續傳統的禪修訓練，以及作者的生平。蔣貢康楚仁波切是十九世紀的禪修大師，他的著作之於現代喜馬拉雅山區的密續佛教而言，仍然是主要的影響力之一。

這本篇幅簡短的書籍，是為了那些進入密集三年禪修訓練課程的人所寫的指南。本書作者，同時是這個禪修訓練課程的指導人，建議弟子如何為閉關做準備，在停留於他的閉關中心期間會被寄予什麼樣的期望，以及在圓滿閉關之後要如何過自己的生活。

如果我們發現閉關禪修訓練這個主題令人卻步或感到神秘不可思議，並不是因為這個主題本身是艱難的：僅僅是因為在非佛教的文化中，我們沒有任何類似的事物。實際上，這本書讓我們得以無限制地進入閉關的封閉世界，由這扇小窗口所提供的視野不曾被粉飾。也許作者早已預見他的著作會被與他自己的文化和時代如此大相逕庭的讀者所檢視；然而，不論是否無心插柳，他都為現代的讀者提供了這種制度最精確的描繪，並且去除了其中的神秘因素。

本書主要部分在於巨細靡遺地描述閉關的課程。就蔣貢康楚仁波切（意為「柔和怙主」，1813-1899）而言，這個資訊特別值得注意，因為這顯露出他在佛教禪修法門的巨大範疇中

個人的興趣和偏好。

　　十九世紀期間，蔣貢康楚仁波切負責結集《五藏》，其中包含了過去一千年來，以藏文為母語的人們研究佛教和修持禪修經驗的精華。這五部巨著總共有一百多卷，每一卷有四百到八百頁（使用西方的編碼系統）。在這之中，大約有三十卷是蔣貢康楚仁波切的原著，以增補和闡釋過去禪修大師的作品。

　　這些書籍所發揮的影響力是無法估計的，讓現代許多以藏文為母語的佛教徒得以繼續領受他們的心靈遺產。在佛教中，這些書籍普遍被視為研讀和精神發展所需的禪修中，權威和可靠指引的主要來源。

　　可惜的是，不諳藏文的讀者幾乎沒有任何接觸蔣貢康楚仁波切及其著作的管道。他的著作只有兩本被翻譯成英文：《修心七要論》和《了義炬》。這兩本譯作都非常仔細且精確，忠於作者的風格，但是仍不過是滄海一粟。在藏文原著中，《修心七要論》只有四十六頁被譯成英文出版；《了義炬》只有一百零一頁以英文出版。這兩本書都是藏文原著的一部分，而原著總共有七百五十八頁。這本原著只不過是蔣貢康楚仁波切一百多本原著和輯著中的一本。《蔣貢康楚閉關手冊》（藏文原著有六十四頁）只不過又是一場豐富盛宴的蠅頭滋味罷了。

　　在了解蔣貢康楚仁波切這方面，本書的特殊重要性來自於書中所描述的閉關中心；蔣貢康楚仁波切投注了畢生的心力在

這個閉關中心，在他漫長一生的大部分時間，這個名叫「殊勝遍在大樂」的閉關中心是他的主要駐錫地，他在此地撰寫了大部分的著作，而在一開始，這些著作常常是爲了閉關行者所寫。我們可以從書中感覺到蔣貢康楚仁波切關心閉關生活的每一個面向，因而提供了這樣一個線索：這個閉關中心是蔣貢康楚仁波切創建的唯一一個，這裡是他的家，是完完全全屬於他自己的閉關中心，從實體的建築結構到閉關行者所完成的禪修內容都是。從閱讀蔣貢康楚仁波切對弟子的忠告和建議 —— 實際上，這些弟子是他的家及其心靈世界的過客，我們可以瞥見什麼是蔣貢康楚仁波切最摯愛的事物。

在此之後的導讀提供了一些概略的資訊，環繞著本書的兩個主題：三年禪修閉關的制度，以及這個閉關中心在蔣貢康楚仁波切的生命和著作中所佔的重要性。

三年又六週的閉關

閉關中心的硬體設施

在佛教的心靈發展體系中，研習（聞）和深思（思）在禪修（修）中獲得實踐。儘管在理論上，研習與禪修緊密連結被認爲是理想的狀況，但是這兩種訓練在制度上通常是分別而獨

立的：新進的學者被吸引進入佛學院；未來的禪修大師進入閉關中心──一個設計來傳授完整禪修訓練的機構。

在舊譯派（寧瑪派）和口耳傳承（噶舉派）的傳統中，基本的密集禪修訓練課程持續三年又六週。《蔣貢康楚閉關手冊》是針對這種形式的閉關所撰寫而成的指南，這些閉關中心的硬體結構並沒有標準的模型。我造訪了喜馬拉雅山區，包括西藏、印度和尼泊爾，和其他國家，包括法國、加拿大和台灣的閉關中心，以下的描述即是以這些閉關中心為基礎。

一個禪修閉關中心通常獨立於一座寺院、寺廟或公共禪修中心等主要的建築物之外，是一個自給自足的小團體，受到所隸屬的較大機構的供給和保護。

從外部來看，閉關中心是靜止的島嶼，本來就無意吸引外界的注目。進入閉關中心的人，把對家庭、生計或社會的義務和責任留在門外，等到他們所選擇的訓練時期結束後，再重新擔負起這些義務和責任。在禪修閉關期間，公眾在任何時間都不容許進入閉關中心，只有隨侍的廚師和被指派的禪修指導者是唯一能夠進出閉關中心的人員。

在閉關中心的結界內，一些建築物環繞著中庭。每一個閉關行者都擁有一間屬於自己的關房，禪修者在這個房間度過一天絕大部分的時間。寺廟是最大的建築物，整個團體一天在此聚集兩次：早晨和傍晚，以進行團體的祈請和禪修（在喜馬拉

雅山區的閉關中心，皆會在這兩個時間供應早餐和晚膳）。另外，在閉關中心的結界內，有一個大房間供閉關行者練習瑜伽。閉關中心內的其他建築構造還包括廚房、浴室和廁所，整個閉關中心被圍牆或籬笆環繞，以杜絕公眾的窺探。

　　每一個閉關行者的關房只提供足夠的空間來設置一個小佛堂、一些書架、一張書桌，以及讓閉關行者在地板上做大禮拜時能夠伸展肢體的地方。每一個關房的窗戶都對著中庭敞開。關房裡面沒有床舖，取而代之的是一張「禪修座椅」，那是一個木質的支架，有著低矮的三個面，以及一個高高的靠背，可以既是一張禪修座椅，也是一張床。進行長期密集閉關的閉關行者（例如這本閉關手冊書寫的對象），必須讓自己習慣採取一種坐著的、挺直的睡姿。

　　閉關中心通常是一個小團體，居住其中的禪修者人數通常是十二個或十二個以下。喜馬拉雅山區的寺院和佛學院有傾向於擴張人數的一些惡名，然而閉關中心卻不是如此，在這樣的團體中，健全的師生比例一向被認為是必要的。舉例來說，在蔣貢康楚仁波切的閉關中心，只有八個人構成一個閉關團體：一位上師、五位閉關行者、一個廚師，以及一個樵夫。

　　在一些比較次要的部分，蔣貢康楚仁波切的閉關中心脫離了慣常的模式。在這個閉關中心的結界內，有一座以上的寺廟；在一個閉關團體中，同時進行兩個禪修課程。第二個禪修

課程是由一個負責第二座寺廟的閉關行者來進行，而這第二座寺廟專供護法。這個閉關中心不像現代大多數的禪修中心，閉關行者在閉關期間，必須把所有私人財物留在儲藏庫中。這種限制後來變成全面的，從宗教物品（例如佛像和唐卡）到衣物；在後來的閉關，甚至連不分尺寸大小的僧袍都由閉關中心提供。這種強制執行的一致性，似乎強調了蔣貢康楚仁波切的堅持：在他的閉關中心的閉關行者，無論他們在閉關中心外的財富或社會地位，都要把自己和他人看成是平等的，並且受到一視同仁的待遇。

閉關的時期

蔣貢康楚仁波切的閉關中心，課程非常緊密地壓縮成為三年又六週。這種做法看起來或許既專橫又不便，然而，這遵循了遠早於蔣貢康楚仁波切時代即行之已久的一項傳統。

在佛陀入滅前的那一年，佛陀教授《時輪金剛密續》；據說，《時輪金剛密續》代表了佛陀教導的極致。在這本密續中，佛陀描述了宇宙、時間和一個人的身體之間的關係。佛陀的開示為一個禪修閉關的理想長度——三年又六週，提供了一個基本的理由。

簡單地說，在我們出生後，透過呼吸來和外在世界建立最

基本的關係。我們呼吸；我們活著。此外，根據《時輪金剛密續》的說法，我們的呼吸自然而然地和宇宙、和時間連結在一起。在《佛教百科全書》中，蔣貢康楚仁波切指出：

　　從外部來看，在一年（三百六十天）中，有兩萬一千六百分鐘，而從內部來看，這是我們每天呼吸的次數。（《佛教百科全書》，卷2，頁639）

我們所吸進的空氣進入身體內以維持所具有的生命力，這種生命力和所有眾生所擁有的生命力是一樣的，被稱為「業的能量」。根據密續的觀點，有一小部分的呼吸也供養了我們的心靈潛能，這種心靈潛能被稱為「智慧的能量」。蔣貢康楚仁波切指出：

　　每一個呼吸的三十二分之一，即是智慧的能量……它的本質是無可摧毀的菩提心。（《佛教百科全書》，卷2，頁639-640）

根據定義，這滋養我們心靈潛能的三十二分之一的呼吸，是正常生命中的一小部分。我們賦予「真正的生命」，也就是業的能量的注意力，削減了這三十二分之一的呼吸的影響力。

投注於禪修閉關的時間，會大幅減少業的能量的力量。理想上，所有支配日常生活的事務、慾望、情緒、習慣或生活型態，都被留在閉關中心之外，並且被智慧的能量，也就是心自然的廣闊寂靜、大樂和明晰的覺受所取代。每一個呼吸用來維持業的能量的部分越來越少，相反的則提升了智慧的能量。這個過程是以「證悟」為終點，也就是把業的能量完全轉化成為智慧的能量。

在密續佛教中，據說人類目前的壽命有一百年，換句話說，我們的身體可能能夠維持那樣的時間長度。每一次呼吸的三十二分之一是智慧的能量，經過一百年的累積之後，即等同於三年又六週的呼吸次數。據說這是把業的能量完全轉化成為智慧的能量所必須的最少時間，也就是達到完全的證悟所需要的最少時間。這種狀態是以佛陀的一個身相，也就是「金剛持明」為象徵。如蔣貢康楚仁波切所說：

> 在一百年期間，（隨著呼吸一起）循環的所有智慧能量，等於三年又六週。當所有業的能量被轉化成為智慧的能量時，就達到了證悟。這是為什麼人們說，（透過）三年又六週的（禪修），達到了佛陀金剛持明的狀態。（《佛教百科全書》，卷2，頁640）

　　這本閉關手冊所描述的「三年又六週的閉關」❶，在英文常被說成三年又三個月的閉關。沒有使用「兩週」這個字，或許是因為在現代的英文用法中，這顯得太不合時宜，或者是因為它不是一個精確的翻譯。在藏文中，這個字特別是指月亮盈虧的半期，也就是從新月到滿月，或者從滿月到新月。

　　雖然本書從頭到尾都把閉關的時期指為三年又六週，但是人們可以合理地把它稱為三年又三個月的閉關。閉關課程所賴以為據的陰曆，必須定期重新調整，來彌補相對於陽曆每年最少損失五天的天數。每隔幾年，藏曆會出現十三個月份，而非十二個月份；有時候每一個月份會少於三十天，但是從不會多於三十天。在禪修課程中，這些多餘的月份會被計算進去，如此一來，閉關時間肯定至少會有三年又兩個半月。舉例來說，由於一九八九年和一九九一年都有十三個月，那麼從一九八九年一月開始的閉關，就會維持三年又三個半月。

閉關中心與性別

　　大多數長期而密集的禪修閉關都會實行性別隔離。在這段

編按：註號 ❶ 為中譯註；① 為英譯註。

❶「三年又六週」的英文是「the three-year, three-fortnight retreat」，直譯為「三年又三個兩週」。

閉關期間，閉關行者把一段時期的獨身生活視爲生活的簡單
化，容許自己把全副的時間和注意力投注在靈修生活上。

　　蔣貢康楚仁波切的閉關中心「殊勝遍在大樂」，是一個男
性的禪修中心。雖然在蔣貢康楚仁波切的親近弟子中不乏女
性，例如在一些著作的末尾，他提及這些書籍是應某位女性弟
子之請所撰寫，然而卻似乎不可能爲女性創建一個類似的閉關
中心，因爲就我所知，在他的著作中從未提及這樣的閉關中心。

　　蔣貢康楚仁波切是一個頂尖的禪修者和作者，而不是一個
機構的建造者。如接下來所要解釋的，他自己似乎飽受當時的
宗教機構之苦。對於蔣貢康楚仁波切而言，這個閉關中心代表
了一個心靈的家園，以及一片清明的綠洲。蔣貢康楚仁波切的
生平大志，是去了解他的世界和時代的精神生活，收集過去具
有價值的事物，保存瀕臨絕跡的寶藏，並且透過他的著作，讓
後世有接觸這些事物和寶藏的管道。說蔣貢康楚仁波切圓滿輝
煌地實現了他的雄心壯志，並不是爲了漠視一個事實：他似乎
遵從那個時代的規範，而沒有替女性建立閉關機構。

　　這是否暗示了蔣貢康楚仁波切沒有認眞地看待女性對精神
生活的參與和貢獻？證明這種觀點的證據少之又少，並有充裕
的證據支持並非如此。尤其，蔣貢康楚仁波切可以從各式各樣
的禪修中，爲他的閉關課程做一些選擇，但是在他所選擇的禪
修中，有將近一半源自第十世紀的兩位印度女性。另外，在整

個閉關期間，每天都要修持的法門之一，即是受到一位西藏女性的啓發，並且把她做爲觀修的焦點。

　　在現代，大多數在喜馬拉雅山區之外實行的三年閉關，都擁有爲男性和女性所準備的設施，這兩個團體遵循相同的課程，並且受到指導者同等的注意。然而，在喜馬拉雅山區，情況卻截然不同，女性常常被視爲佛教世界的二等公民。花費成千上萬美元去建造和運作的大規模寺院和佛學院仍持續擴增，而且幾乎沒有一年不會推動另一項雄心勃勃的計畫，但是這些寺院和佛學院，容許女性加入的制度和機構幾乎不存在。就我所知，在喜馬拉雅山區，以針對女性所設立的三年閉關課程爲例，只有噶舉派的泰錫度仁波切和寧瑪派的恰札仁波切這兩位上師建立並支持女性閉關中心，提供等同於男性閉關中心的標準教導。

閉關中的禪修訓練

　　閉關中心所遵循的禪修課程雖然會隨著不同的上師或寺院而有很大的差別，但是某些特色仍是共通的。

　　閉關行者的一天被分割成爲四座個別的禪修（清晨、午前、下午和傍晚），以及兩座團體共修（在早晨和黃昏前）。一天當中，最長的休息時間剛好是中午用餐的時間，所以空閒

時間是很匱乏的。如果不了解閉關行者通常要花幾年的時間，積極地爲投入這樣一個課程來做準備，就會認爲這種訓練的密集程度會令人喘不過氣來。

　　每日四座的個別禪修，是專門用來從事特定的禪修，而且會不定期地更換，有一些禪修從事數天，另一些禪修則從事數個月。閉關課程是以一個特定傳統最基本的禪修做爲開始，逐漸進展到所有的次第，直到最深奧的次第爲止。雖然閉關行者對於閉關中心所提供的禪修種類各有偏好，但是閉關中心仍期望所有的閉關行者能夠忠實地遵循課程內容。大多數的閉關中心會讓閉關行者接觸單一一個傳承的禪修技巧。在蔣貢康楚仁波切的閉關中心，課程的負擔格外沉重：他巨細靡遺地指導閉關行者從事三種截然不同形式的密續禪修，並且在這些修持法門之外，增補源自於其他四個傳承的教授。

　　每日兩座的團體共修，以及定期舉行的特殊儀軌，繁忙的程度是相當可觀的：念誦祈請文、吹奏法器、持誦咒語、從事各種不同的供養，以及念誦更多、總是更多的祈請文。對於許多人而言，沒有這些繁雜瑣碎的事務，閉關的禪修課程就已經負荷很重了，然而事實上，對於那些了解法本的語言、熟悉觀想內容的閉關行者而言，共修儀式可以是具有啓發意義，並且是振奮人心的泉源。

　　在這段閉關期間，是什麼構成了密續禪修的訓練？如果不

簡短地解釋佛教禪修的理論，就無法回答這個問題。

　　一般來說，一個人從事佛教禪修是爲了調伏心性，長養洞見自心本性的智慧。這種智慧是以覺醒和證悟爲最終結果，但是，覺醒不是禪修的產物——佛教不會創造證悟，如同一面鏡子不會創造一張臉。在佛教修持中，有效的教導被形容爲一面可以讓人看見自己臉的鏡子，而這張臉，也就是我們本具的佛性。大多數密續佛教的禪修訓練，僅僅是由「增進心的視力」所構成。

　　佛教教導一切眾生最深的本質，是一個永不枯竭的智慧、慈悲和創造潛能的蓄水庫。而「四障」是阻止我們清楚地覺察到自己本質的事物。第一種障蔽使我們無法徹底覺察這種本質，即所謂的「無明障」。由於缺乏內在的自我覺察，我們不斷地爲自己（一個「我」，一個「自我」）和他人創造身分和本體，此即第二種障蔽，也就是所謂的「習氣障」。我們習慣去創造一個自我和一個世界，然後去相信心的投射是眞實的，例如我們在夢境中無意識地、普遍地虛構自我和他人。一旦我們創造了一個自我，無論是在清醒時還是在夢境中，都會受制於各式各樣、以我們的經驗爲基礎的煩惱，這就是第三種障蔽，也就是「煩惱障」。在佛教理論中，如果一種情緒會阻礙我們的自我了解，或導致自私自利和有害的言行，那麼這種情緒就被認爲是負面的，而這些有害的或自私自利的行爲，便構成了最後一種障蔽，也就是「惡業障」。

　　密續禪修和閉關課程是設計來對治、抵銷這四種障蔽的。閉關從「前行法」開始，用佛教的術語來說，即是從事禪修來清淨惡業障，並累積功德和智慧。用稍微淺白的語言來說，這些修持法門增強並豐富了禪修者身、語、意的覺受。

　　第二階段的密續禪修，即所謂「生起次第」的禪修，這種修法能對治煩惱障。在修持這些法門的期間，禪修者觀想自己是男性或女性證悟者的形象，使心識覺醒的、栩栩如生的狀態擬人化、具體化。煩惱從我們認為「事物是具體的」這種凡俗見識中生起，生起次第的禪修則適當地提供一個虛構的自我和環境。虛構的事物，是的，但卻是非常善巧的虛構。有可能真的認同虛構的事物嗎？我們的心每天晚上都在回答這個問題。當我們睡著時，無論夢境是多麼古怪，我們都完全相信夢境的真實性。正如某些夢境能夠如此深刻地影響我們的心，不論我們多麼努力地告訴自己：「那只是一場夢。」因此，這些虛構的事物提供了覺醒心廣大浩瀚、充滿活力的覺受，逐漸抵銷我們的負面情緒。

　　密續禪修的第三個階段是「圓滿次第」，用以對治習氣障，也就是我們創造一個自我和他人的普遍習氣。不像生起次第忙碌地從事虛構，圓滿次第的禪修開啟了如實觀看心識之門，能讓禪修者直接體驗心自然的創造力，也就是我們如何不斷地從空無中創造出一些事物──自我和世界。禪修者也學習循著

心的活動而回到它的來處──無邊無際、沒有中心的明光。在這個過程中，自他習氣架構不再像以往一般緊鉗著禪修者的心。

　　密續禪修的最後一個階段是直接「觀照心性」，這是對治無明障的解藥。這些修持法門不會創造這種覺醒的本質。爲了看見自己的臉，我們需要一面鏡子；爲了看見內在的本質，我們需要上師的教導之鏡。前幾個階段的禪修，清除了心之天空的雲朵；這個最後的階段並不會創造一個太陽，而是認清太陽，也就是光芒四射、明亮照耀的覺察，一直都是存在的，並且讓這種光芒和溫暖充滿整個虛空。這樣的覺察去除了我們對自己的本質缺乏了解的任何殘跡。

　　在蔣貢康楚仁波切的閉關中心，這四個階段的禪修被重複三次，以三種不同的形式來教授並修持前行法、生起次第、圓滿次第以及觀照心性。形式和專門術語隨著密續佛教不同的傳統而變化，但是這四個階段則是所有傳統共有的。

蔣貢康楚仁波切的生平，以及與閉關相關的著作

蔣貢康楚仁波切的不分派觀點

　　蔣貢康楚仁波切的一生，成功地推動了佛教的統一願景，因而再度振興了喜馬拉雅山區的精神生活。西藏社會已經習慣

把西藏佛教分成四個主要傳統：寧瑪、噶舉、薩迦和格魯。這種易懂的簡化以這樣的事實爲基礎：到了十九世紀，在經過之前十個世紀以來的政治權力鬥爭後，這四個傳統代表了居於優勢地位的宗教制度結構。這四個傳統雖然包含了現存的寺院體系，但卻沒有涵蓋「經教傳承」和「修持傳承」，而這四個傳統的建立乃是受到這兩個傳承的啓發。

寺院最初的宗旨是在宗教發展的體系中，提供教理訓練和禪修訓練的處所；而這個宗教發展的體系則是從佛教國家印度傳入喜馬拉雅山區。然而，數個世紀以來，一些寺院的發展卻超越了宗教中心的範圍而變成小規模的封地，掌握世俗的權力，墮落爲政治密謀和自私宗派主義的溫床。蔣貢康楚仁波切認爲，從這些團體發展和維持的觀點來詮釋佛教歷史，是一種宗教的危險。

蔣貢康楚仁波切寧願從禪修和哲學、心理學的研究觀點來檢視喜馬拉雅山區宗教發展的歷史。在他的著作中，總是從教授傳承的觀點來描述密續佛教，而且只會順便提及四個寺院體系。身爲一個偉大的現代不分派運動的上師，邱陽創巴仁波切簡潔地指出，蔣貢康楚仁波切把佛教徒的注意力「從寺廟的金頂華蓋轉移到禪修蒲團上」。① 這不是一個新穎的見解，但是卻需要蔣貢康楚仁波切及其同時代人物的宗教影響力和技巧，來有效地傳播後來眾所周知的「利美」❷ 見解，也就是不分派

的、無偏見的或普遍的見解。這個見解要說的是,把自己和他人視為宗教機構的成員,也就是在人們之間畫下人為的界線,彷彿隸屬於一個宗教團體,就如同於隸屬於一個政黨一般;但相反的,把自己視為一個或一個以上、分享共同的起源和目標的佛教心靈發展體系的修行者,能夠讓一個人去欣賞所有體系啟發人心的部分,進而促進了禪修者之間的溝通與互助。

這種不分派的觀點,突破了當時單調乏味的宗派主義和故步自封的門戶主義,觸及密續佛教修持法門的核心:八大實修傳承。在印度和喜馬拉雅山區進行宗教交流期間,八種不同的印度密續佛教禪修傳統傳入喜馬拉雅山區,也正是這八大實修傳承②形成了喜馬拉雅山區密續佛教的基礎。在這八大實修傳承中,只有第一個傳承使用現存的一個寺院體系的名稱:

---

① 參見《沒有目標的旅程》(*Journey Without Goal*),頁 89-91,邱陽創巴仁波切著,由位於波士頓的香巴拉出版社於一九八一年出版,這幾頁內容特別著墨於蔣貢康楚仁波切及其提倡的不分派運動。

❷ 利美(rimay, *ris med*)運動:藏傳佛教由於歷史和地域等因素的影響而派別林立,無法和諧相處。十九世紀,西康的三位大師:蔣揚欽哲旺波仁波切、蔣貢康楚仁波切和蔣揚羅迭旺波有鑑於此,所以推動「不分派運動」(利美運動),目的在反對宗派門戶之見所引起的宗教論諍與迫害,所以產生一個超越教派、尋求調和與容忍的運動。

② 八大實修傳承(the eight practice lineages, *sgrub brgyud shing rta brgyad*)即八乘實修傳承。本書所列舉出來的八大實修傳承,取自蔣貢康楚仁波切的《佛教百科全書》及其他的著作。其他上師所列舉的八大實修傳承可能會稍微有所不同。

1. 舊譯傳承（Ancient Instruction Lineage, *rnying ma*，寧瑪傳承）

2. 佛語傳承（Buddha's Word as Instruction Lineage, *bka' gdams pa*，噶當傳承）

3. 道果傳承（Path and Result Instruction Lineage, *lam 'bras*）

4. 馬爾巴口耳傳承（Oral Instruction Lineage of Marpa, *mar pa bka' brgyud*，馬爾巴噶舉傳承）

5. 香巴傳承（Shangpa Instruction Lineage, *shangs pa bka' brgyud*，香巴噶舉傳承）

6. 能寂傳承（Pacification of Suffering, *zhi byed*）和斷境傳承（Severance Instruction Lineage, *gcod*）

7. 金剛瑜伽傳承（Vajra Yoga Instruction Lineage, *rdo rje rnal 'byor*）

8. 三金剛念修傳承（Intensive Practice of the Three Vajras Instruction Lineage, *rdo rje gsum gyi bsnyen sgrub*）

　　蔣貢康楚仁波切的三年閉關課程，是他的不分派觀點的反映，其中包括了八大實修傳承中的七個傳承教法。在接下來的段落中，蔣貢康楚仁波切以噶瑪巴口耳傳承持有者的身分來發言，以那個傳承內的禪修歷史為基礎，為他的閉關課程提出清晰有力的辯護。他探討這個主題：「什麼構成了一個有效率的

禪修課程？」並且在提出結論前，從各種不同的角度加以審視。他的結論是：面面俱到、無偏見地接觸許多不同形式的禪修，才是最佳的解決之道。

蔣貢康楚仁波切在一八六四年（五十一歲），也就是在他的閉關中心進行第一個三年閉關的末尾時，寫下這些句子，聽起來彷彿預期自己的大限將至（「此時，我在生命的盡頭」），但是他又活了三十五年。

　　把一個三年又六週的閉關焦點，僅僅放在單一一個生起次第和圓滿次第禪修的傳統上，〔讓閉關行者〕努力精進修持這些教法，達到有效的成果，似乎是最明智的。從這個觀點來看，沒有太多繁複的祈請文和念誦似乎是最好的，因為一個簡單的課程對於那些根器較為低下、體力較弱的人而言，比較不困難。但是，一些在前世已經從事禪修的傑出個人，似乎沒有受到禪修時間長短或努力程度的影響，他們完全嫻熟心之覺醒的相對和究竟面向，以及精通生起和圓滿兩個次第禪修的內在徵兆，將透過自身了解的力量、慈悲和協助他人的能力展現出來。他們〔與生俱來的能力〕清晰而顯然地展現出超越凡俗的、自我中心的人的眼界。

　　由於這個時代的生活環境日益墮落，大多數的人，

包括那些專心致力於禪修和持誦咒語數年而獲得「了悟者」或「成就者」封號的人,甚至沒有好好地思惟使心轉向精神生活的〔基本教導〕「四思量」③,反而只關心今生的需求。因此,要找到一個擁有實修法本所描述兩種密續禪修次第經驗的人,是非常稀有難得的。即使有一些人已經獲得些微的了悟,但是要找到一個覺受增長、超越這個階段的人,似乎是不可能的。

　　一般來說,光是簡單的修心法門,就需要認清〔心性〕、增長〔了悟心性的覺受〕、達到穩定的了悟,以及圓滿嫻熟對於心性的了悟。沒有齊備這四者,一個人將無法達到他的目標。這年頭,〔禪修者〕對於〔心的〕認識非常不確定且模稜兩可,而且沒有超越這個狀況;在緊要關頭,他們的修持是沒有效果的。在這些時候,他們發現自己在占卜、宗教儀式等諸如此類的事物中尋找安全感。這個例子說明了,一個人在密集修持一種禪修數年後,將如何逐漸失去堅定的決心。禪修和禪修者的注意力分道揚鑣,禪修者變得專注於毫無意義、

---

③把心轉向靈修生活的四思量,是指一個人擁有瑕滿人身之大幸、死亡的無常與無可避免、一個人行為的結果,以及身處於「輪迴」,即把宇宙視為一個永無休止的競爭的佛教觀點。

令人分心的事物，以及負面的消遣娛樂上，除了在禪修中所擁有的覺受外，甚至連開始禪修之初所擁有的信心和熱忱也消失了。在一般人面前，這樣一個禪修者顯露出令人無法忍受的驕慢，而且是愛吹噓的，如此的修行除了讓一個人的淨見和對俗務的出離心逐漸退減之外，要產生任何效果將很困難。

即使是身為宗教傳統的領袖、特殊而傑出的個人，也有點類似〔上述的禪修職者〕。他們只關心研習、禪修和教學，以及壯大自己的傳統，而不去尋求任何其他傳統的訓練。即使他們嘗試去了解另一個傳統，但是卻從不協助該傳統延續下去。那些傳播自己傳統的人，體驗了如穀物豐收般的成功，但在同時，一些非常高深的禪修傳統卻幾乎消失無蹤。

〔另一方面，〕在這個地區，殊勝的噶瑪巴口耳傳承的禪修傳承，融合了兩個傳承：一個是岡波巴的傳承，另一個是舊譯派的傳承。這兩個傳承的結合始於成就的上師噶瑪巴希（第二世噶瑪巴）和全知的讓炯多傑（第三世噶瑪巴）。尤其，尊貴的讓炯多傑曾經〔在淨觀中〕受到無垢友尊者的加持，然後傳佈「噶瑪心髓」，這是目前仍然被人們修持的禪修法門。此外，由我們傳統偉大的伏藏師所取出的伏藏，已經逐漸成為

〔這個口耳傳承〕的一部分。取出這些伏藏的伏藏師，包括眾所公認偉大的桑傑林巴、法王仁千彭措、傑尊寧波、卻吉林巴、明究多傑、羅佩多傑、多傑達波、秋吉德千林巴，以及其他伏藏師。此外，噶瑪巴及其法嗣為大多數伏藏師所取出的伏藏教法❸建立了修持的系統，並且加以維護；這些伏藏師包括法王惹那林巴、希波林巴，以及達桑桑滇林巴等。

　　尤其是噶瑪恰美，觀世音〔菩薩〕的化身，特別關心推動存在已久的、結合了口耳傳承和舊譯派傳承的傳統發展。在後來的年歲中，第十四世噶瑪巴〔德秋多傑〕和慈氏菩薩〔也就是彌勒菩薩〕的全知化身天帕寧傑〔也就是著名的泰錫度卻吉炯涅〕，透過其數代的轉世，甚至把這個傳統傳播得更加廣遠。結果，口耳傳承和舊譯派傳承共有的哲學觀點、事業和禪修的趨勢，始終保持完整，從未間斷〔直至今日〕。

　　在同一方面，來自達波、無與倫比的醫師〔岡波巴〕，原本是噶當派的追隨者。從岡波巴的時代以來，源自噶當派的「三士道次第」一直是〔口耳傳承〕禪修

---

❸伏藏教法（treasure teachings）：由蓮花生大師以神通力封藏於空中、水中、岩洞和重要弟子心中，等待日後由伏藏師發掘的經論、教法或其他法寶。

的必要根基。另一個例子是，第二佛，尊貴的讓炯多傑，是〔金剛瑜伽傳承〕的「六支加行」❹、能寂傳承和斷境傳承的口傳主要持有者。這樣的結果是，被稱為斷境傳承的特殊傳統，完整且不間斷地延續下來，直至今日。蘇芒寺④偉大的創巴仁波切貢噶南嘉推動能寂傳承的進展，一如全知的卻吉炯涅推動金剛瑜伽傳承的六支加行的發展一般。第四世噶瑪巴章林羅佩多傑把香巴傳承的教理變成禪修和教法的核心。從第四世噶瑪巴以來，全知噶瑪巴的歷代轉世不斷地維繫和保護達波（岡波巴）口耳傳承和香巴傳承。三金剛念修傳承本身是偉大的成就者烏金巴❺的一個不共的口傳。烏金巴是我們傳統重要的〔傳承持有者〕之一。

　　〔噶瑪巴口耳傳承的前任持有者〕包括尊貴的法王讓炯多傑（第三世噶瑪巴），第七世噶瑪巴卻札嘉措，

---

❹六支加行（Six Branches of Application）：根據漢譯，六支加行分別為：一、現食（pratyahara），或譯「制感」、「別攝」。二、靜慮（dhyana），就是「禪」。三、命力（pranayama），或譯調息。四、執持（dharani）。五、隨念（anusmrti），或譯憶念。六、三摩地（samadhi）。六支加行在「時輪」修法中非常受到重視。

④蘇芒（*zur mang*，意為「多角的」）寺：位於西藏東部的一個寺院機構，創始人的轉世傳承創巴仁波切，是斷境（Severance）和能寂（Pacification of Suffering）修持法門的專家。

❺烏金巴（Urgyenpa, 1230-1312）：第二世噶瑪巴之法嗣，獲得噶舉所有傳承的教法。第三世噶瑪巴讓炯多傑是其主要弟子。

證悟者、第二世夏瑪巴❻卡卻旺波，蘇貢利巴惹支，第
一世嘉察仁波切果希帕久東竹，噶瑪聽列巴（偉大尊榮
的確吉東竹第八世夏瑪巴），全知的卻吉炯涅（第八世
泰錫度仁波切），以及其他上師，都聞思任何可以在西
藏找到的精神教法。此外，每一位大師在擔任口耳傳承
的領袖之際，都無分別地傳播宏揚這些論釋和禪修的傳
統。對於佛陀的教法而言，此舉具有無上的利益。

　　如我們這般甚至無法理解這條聖道之片段的凡夫俗
子，如何能夠使這般自由的生命典範得以永垂不朽？此
時此刻，我必須追隨他們的步履，我的誠摯希望，恭謹
地學習他們的行為，沒有退轉。透過這種真誠態度的本
俱力量，我從未覺得自己已經飲用了足夠的聖教甘露；
我從未擁有足夠的信心來判斷教法的對錯好壞，因為我
把所有的教法都視為佛陀的教法；我從未讓自己陷於自

---

❻噶舉派傳承的重點為大寶法王噶瑪巴與夏瑪巴交互替換的轉世過程。第一世噶瑪
巴杜松潛巴（Dusum Khyenpa, 1110-1193）創立了噶舉派，在他圓寂前，預言自
己將會轉世成為兩位喇嘛，為了無間斷地保存及延續此傳承，他們將一代代地轉
世，以上師和弟子的關係交替著。第二世噶瑪巴圓寂（1283）那一年，卓巴辛給
（Drakpa Sengye），也就是後來被認證為第一世夏瑪巴的人誕生。次年，第三世噶
瑪巴（1284-1339）誕生，八歲時，確認他自己是噶瑪巴。卓巴辛給是第三世噶瑪
巴的主要弟子，由三世噶瑪巴確認卓巴辛給為二世噶瑪巴的第二位化身，如是，在
藏傳佛教裡，一世夏瑪巴是第二位的轉世喇嘛，名字意為「紅冠」（夏Sha，冠；
瑪mar，紅色），有時人們也稱他為「紅帽喇嘛」。

私競爭的緊緊束縛之中。

　　因此，雖然我現在已經到了生命的盡頭，仍然無所分別地尋求精神的教導。這種較高等的、被我的熱忱之盔甲所增強鞏固的發心善力，以及之前許多生世所造之少量善業的強大力量，已經結出了果實。尤其，上師三寶之覺醒洞見的無瑕力量，已經透過我的傑出上師，第二佛金剛持的遍在大悲，完全實現了我的願望。〔他們授贈〕喜馬拉雅山區八大實修傳承深奧廣大的修道教授〔來實現我的願望〕，這些禪修體系完全沒有受到違犯密續誓言所產生影響的染污，沒有受到欺誑謊言的障蔽，激發覺受與了悟的能力也沒有退減。這些禪修覺受的傳承從未間斷，其加持的強度不曾消散。

　　雖然我曾經依止這類能夠使人成熟解脫的教授，但是卻受不起「成就者」或「證悟者」的美名，而且我也不是任何一個傳承的修持法門的專家或權威。然而現在，所有過去偉大上師的心識已經完全融入法界中，我希望能夠盡棉薄之力來延續教法，為後世具緣且具慧的上師樹立良好典範。我的福德相當有限，因此無法利益任何一個人。然而，如全知的多波巴❼所說：

---

❼ 多波巴（Dolpopa）：第三世噶瑪巴的弟子，創立了覺囊（Jonang）教派。

雖然汝無力
背負此重擔，
至少要繫念
佛法之衰微！

我從未冷漠無情地捨棄佛陀教法的核心要義，〔我希望〕我想要〔幫助他人〕的發心不會是徒勞無功的。因此，除了道果傳承的禪修外，我已經爲〔八蚌寺〕⑤兩個閉關中心的閉關行者介紹了八大實修傳承禪修法門的一般形式，並且爲他們創造了甚深密續生起次第禪修和圓滿次第禪修的善緣。閉關課程的內容已經如此繁重，因而難以適切地教授和修持道果傳承這個特殊傳統的深奧教法。但是因爲在喜馬拉雅山區，有一半的區域充滿了奉行這個傳統的行者，所以我可以放心地不把這個列入閉關課程中。

大閉關中心的課程把焦點放在馬爾巴口耳傳承甚深

---

⑤八蚌（Palpung, *dpal spungs*，意指「吉祥蘊聚」）寺：是泰錫度轉世傳承的主要駐錫地，十八世紀末，由第八世泰錫度仁波切卻吉炯涅所創立。在八蚌寺有一個三年的閉關中心，蔣貢康楚仁波切稱為「大閉關中心」，他自己的閉關中心則座落於大閉關中心不遠處。八蚌寺位於康區的德格附近。如今康區是中國四川省西北部的一部分，持續發揮寺院組織的功能。

廣大的生起次第和圓滿次第的禪修，以及斷境修持法門
上，已經有一段時間了。我已經爲這個課程建立一個慣
例，用能夠使閉關行者成熟解脫的能寂傳承修持法門
來做爲增補。在這個閉關中心，我們維持整套的香巴
噶舉傳承的禪修，金剛瑜伽傳承的六支加行〔增補以
三金剛念修傳承的教導〕，舊譯傳承的心要——「大圓
滿」教授，以及其內密之心髓修持法門。在兩個閉關中
心，〔被稱爲〕《三士道次第》的手冊構成了前行法的
基礎。〔在這兩個閉關中心，八個禪修〕系統中的七個
系統完整且徹底地被教授。（《八蚌寺閉關中心概覽》，
頁 94b-97b）

蔣貢康楚仁波切的生平

眾所周知，蔣貢康楚仁波切是提倡「不分派見解」最重要
的上師之一；然而，他的自傳中清楚地指出，如果沒有先體驗
令人感到遺憾悔恨的宗派主義，他就不會萌生這種觀點。

蔣貢康楚仁波切出生在一個非佛教家庭，父母是苯教 ❽ 的

---

❽ 苯教（Bon）：又稱「苯波教」，因教徒頭裹黑巾，亦俗稱「黑教」，是在佛教傳
入西藏前流行於藏區的原始宗教。苯教把世界分為天、地、地下三部分，天上住著
「贊」神，最為尊貴，是不可觸犯的；地上住著「年」神；地下住著「魯」神。

信徒，雖然幼年時期即深受佛教上師的吸引，甚至被他的苯教玩伴嘲笑為「一個佛教僧侶」，但是他早期所受的訓練是屬於苯教的傳統。蔣貢康楚仁波切的感受第一次（卻不是最後一次）被周圍個性更加獨斷的人（他的繼父）所支配控制。如蔣貢康楚仁波切所說：

　　大約在〔十歲左右〕這個時候，我極為仰慕任何一個據稱已經證悟心性的人。如同口渴的人渴望水一般，我渴望遇見一個能夠給予關於心性教導的上師，但是我年輕又軟弱，父母不幫助我〔尋找一個上師〕，於是我便放棄了這個想法。

　　一般來說，我的父親是非常嚴格的。當我在學習讀寫、參加一個儀式或在其他場合，如果行為舉止有點孩子氣，他就會重重地打我。因此，我除了安分守己外，存有任何非份之想是絕無可能的。沒有事先徵詢他的同意，我甚至不可以外出。他會講述許多其他人的例子——他們打鬥、飲食過度、偷盜、詐欺等，最後被社會所不容。他會告訴我們：「你們這些年輕人會變得像他們一樣！」他總是這麼權威，當時我感到極度痛苦、悲傷和抑鬱。回想〔我的童年〕，我認為我進入人類社會，是那個男人，我尊貴的父親的仁慈之故。他對我

非常仁慈，我認為在這個年頭要找到像他這麼一個誠實勤懇的人，一定非常困難。（《蔣貢康楚自傳》，頁9b-10a）

蔣貢康楚仁波切如此說明自己溫婉順從的本性：

從幼年時期，我就是一個生性害羞柔和的人。不論誰要求我做一些事情，不管我是否能夠勝任，我都很體貼地傾聽他的願望。最後，每一個社會階層的人都欣賞我，並且仁慈地對待我。（《蔣貢康楚自傳》，頁 12b）

在蔣貢康楚仁波切十五、六歲時，嚴厲專橫的父親因為涉入地方紛爭而身陷囹圄。蔣貢康楚仁波切在母親的鼓勵下離開家園，被一個佛教僧侶聘僱為秘書。這個佛教僧侶不但成為蔣貢康楚仁波切的良師益友，甚至還可能擔起了父親的角色。透過他的關係，蔣貢康楚仁波切很快遇見一個來自一座佛教寺院的喇嘛：

一個來自雪謙寺 ❾（一個寧瑪寺院）的喇嘛吉美羅薩來到這裡，詢問我一些關於苯教的故事。我說了很長一段時間，講述我的所見所聞。那個喇嘛說，我擁有一顆清晰的心，而且口才便給。〔我的良師益友〕說我聰

明伶俐，他認為我應該從事佛教藝術和科學的研究。他
詢問那個喇嘛，什麼是〔對我的前途〕最好的。於是我
們決定，我應該依止雪謙寺的安楚仁波切修學。（《蔣
貢康楚自傳》，頁 13a）

這次的會面標明了蔣貢康楚仁波切進入佛教之門。十六歲
那一年，蔣貢康楚仁波切陪伴那位喇嘛前往雪謙寺，並且在
一八二九年進入雪謙寺，成為該寺的成員。如果繼續留在雪謙
寺，他的生活或許會是安樂的，但是他的良師益友對他寄予相
當的厚望，因而堅持要他離開雪謙寺，前往八蚌寺——一座噶
舉寺院。一八三三年，也就是蔣貢康楚仁波切二十歲那年所發
生的變動，很快地讓他首次嘗到了宗教機構的負面經驗。他被
迫重新受戒：

　　〔我的良師益友告訴我，〕當我們的皈依怙主〔泰
　　錫度仁波切貝瑪寧傑旺波〕抵達時，我要求仁波切給予
　　完整的比丘戒是非常重要的。除了這個忠告外，他給予

❾雪謙寺：一六九五年，冉江滇佩賈參（Rabjam Tenpai Gyaltsen）尊者奉第五世達
賴喇嘛之命，在康區建立的寧瑪派寺院，後來成為寧瑪傳承的六大主寺之一，約有
一百六十座分寺，中國入侵西藏時被夷為平地。頂果欽哲仁波切重返西藏後著手重
建，目前已重建了雪謙主寺和三十所分寺。

我做爲一名比丘所必需的所有物品。我對他解釋，我已
經在雪謙寺受過戒。他嚴詞責備我，並且説，我必須從
勝者及其法嗣〔此指噶瑪巴和那個傳統的主要轉世上
師〕之處領受比丘戒。（《蔣貢康楚自傳》，頁 18a）

當這個話題再度被提起時，蔣貢康楚仁波切再次試圖影響
局面，結果不出所料：

〔我的良師益友再一次〕告訴我，我必須受完整的
比丘戒。我重申我已經從雪謙寺的安楚仁波切那裡受了
那些誓戒，並且領受了那個喇嘛的教導。然而他回答：
「你絕對要在這裡受戒。如果〔安楚仁波切〕聽説你已
經歸還原先所受的誓戒，就足夠了。」然而，我從未正
式奉還我的誓戒。後來，由於這裡很重視法友，因此當
一些重要的轉世喇嘛來授戒時，我別無選擇，只好加入
受戒的行列。在〔受戒〕的時候，我的心被先前所受
的誓戒佔據，以致於從不覺得我眞正領受了〔新的誓
戒〕。（《蔣貢康楚自傳》，頁 18b-19a）

最糟糕的情況還在後頭：爲了讓蔣貢康楚仁波切留在寺
院，他被「認證」爲該寺一位圓寂上師的轉世。根據基恩・史

密斯博士爲蔣貢康楚仁波切藏文版本的《佛教百科全書》所寫的出色導言指出，寺院隨時會被要求派遣任何一個前途大有可爲的僧侶，到另一所寺院或層級更高的政治機構服務，而寺院的轉世上師則是例外，具有不被徵召的豁免權。八蚌寺運用這個漏洞來對抗來自該區域行政首府德格，官僚政治的挖角徵用。這些政治謀略正是蔣貢康楚仁波切的良師益友所煽動慫恿的：

　　他對我有非常深厚的情感，而且對我的前途寄予厚望。由於他擔心我會被徵召到另一個〔團體〕，因此告訴皈依怙主〔泰錫度仁波切〕，由於我可能會在無法預防的情況下突然〔被徵召而離開寺院〕，例如被德格的〔行政機構〕徵召爲秘書，因此把我們〔寺院〕的一個轉世上師的名號授予給我，乃是必要的做法。由於這個做法被認爲是恰當的，因此我被授予了一個轉世喇嘛的名號。這個喇嘛曾經是〔前一世的〕泰錫度仁波切的弟子。然而，帕渥突拉嘉瓦和卡杜仁波切極力反對，他們認爲如果我被授予任何三位〔前世上師〕，即阿羅昆延、才旺昆亞或湯林貢波的名號，如果我是〔根據那樣的基礎〕而被寺院認取，那麼這種做法是不正當的，將在日後引發巨禍。儘管〔他們提出反對意見〕寺方仍然決定，如果我被授予前一世〔泰錫度仁波切〕早年一個

轉世侍者兼弟子的名號 —— 康波凡丹楚庫，就能夠和
〔這位上師〕結下吉祥的緣。寺方在當地宣布我是〔這
個人的轉世〕，從今以後，我被稱爲「康楚」〔康波凡
丹楚庫這個名字的第一個字和倒數第二個字的結合〕。
（《蔣貢康楚自傳》，頁 19a-19b）

對於蔣貢康楚仁波切而言，這種做法必定是一個粗野無
禮、令人感到心灰意冷的覺醒。雖然他成爲著名的「康楚」，
但是當他在其著作上簽名時，從未使用過這個名字一次。在他
的閉關手冊中，他稱自己爲「蔣貢喇嘛」，並且用他習慣使用
的四個不同名字中的一個做爲作者的簽名。「康楚」並不在此
四者之內。

這位內向而溫和的僧侶很快就發現，他的態度受到宗派偏
見的影響，而在他的「新家」，這種偏見卻是司空見慣的。在
蔣貢康楚仁波切的自傳中，他簡略地描述了這個現象。那年是
一八三六年，當時他二十三歲：

有一次我走上一座山的頂峰，我發現是在作夢。
〔我繼續作夢，〕我希望走到〔蓮師的淨土〕妙拂洲，
然後在空中飛翔。〔在世界的邊緣，〕許多周匝環繞如

鐵圍山的山巒後面，我看到一座紫色的、如珠寶一般的山，半隱半現，山麓部分可見，山峰則被雲朵覆蓋。我想，在持續向前之際，我應該祈請。在那個時刻，我彷彿覺得有大量的水從背後傾洩而下。我忘了自己是在作夢。我驚慌失措地從夢中醒來。

那個時候，我對舊譯傳承的虔敬心已經稍微鬆懈退減，因為我覺得：「我屬於口耳傳承。」我肯定自己的業障源於此。後來出於懊悔，我懺悔自己所犯下的〔這個過失〕。(《蔣貢康楚自傳》，頁 23b)

蔣貢康楚仁波切在他的另一本著作中，用更長的篇幅，詳細地描述自己心靈和肉體的疾病。他把這疾病歸咎於宗派主義的偏見，以及他和伏藏法典之間逐漸療癒的關係。這個敘述以他正式被認證為一個掘取伏藏的伏藏師為終結：

十五歲那年，我在夢中遇見蓮師，領受了他的加持。在此之後，我考慮撰寫許多書籍，包括修持法門的法本。尤其當我住在雪謙寺時，曾經撰述大吉祥天母的補懺儀軌，以及其他法本。……完成後，我又撰寫金剛鎚修持法本……〔以及其他關於鬼神和護法的法本〕。我把這些法本讓安楚仁波切⑥過目。他神聖莊嚴的見地

是最廣大的：他讚許我的著作。他要求獲得法本的口
傳，並且在短暫修持法本後，看見它們具有正面功效的
清晰徵兆。安楚仁波切評論，大吉祥天母補懺儀軌有助
於紓解當今世人及牲畜所患的疾病；而在此末法時代，
金剛鏈修持法本對於消除違背密續誓言的罪障非常有
效。

　　在我人生的這個時期，努力深入研習，精進修持，
心無旁鶩。由於在這個訓練過程中，禪修是最重要的面
向，因此我把所有的時間投注在與禪修有關的事物上。
我非常清晰地看見在那個區域，有一個埋藏伏藏的處
所，但是我並沒有採取任何行動。

　　後來我前往八蚌寺，在那裡領受了比丘戒。一旦我
進入了殊勝口耳傳承的心靈教導之門，就開始接受該傳
承上師及法友的忠告，視其為最高的依據。結果，我對
新譯派的偏愛和執著大幅增加，對於在淨觀中所見伏藏
等類的事物，則生起嫌惡的感受。此外，一些位高的喇
嘛看到我先前所撰寫的法本後，公開加以批評，於是我
燒毀所有的著作，並且撰寫發願和誓戒的簡軌。

---

⑥在蔣貢康楚仁波切的一生中，有兩位安楚仁波切。此處，這位來自雪謙寺的上師是
　最後一次被提及。在此之後的安楚仁波切都是指駐錫在八蚌寺的一位上師。

這些事件使我的夢境和示顯的徵兆變得越來越令人煩擾，同時我也染上一種非常嚴重的熱病。這種熱病並不在當時所知的三十種熱病⑦之列，每一天，我都以為自己即將死去。有一天晚上，我有所覺受，但無法確定這覺受是夢境，抑或是真實：我死了，並且遇見蓮師及他的明妃。在回答了我的一些疑問後，蓮師和明妃堅定地命令我再度投生，然後我便發現自己在床上了。在此之後的幾天，有時候我仍相信自己是處於死亡與投生之間的時期⑩。

我把所擁有的少數財物全數變賣，以繪製象徵〔佛之〕身、語、意的塑像和圖像。在這些塑像和圖像中，最重要的是十三幅在從事〔源自伏藏的〕「上師密意總集」〔禪修〕時，用來觀想的繪畫。此舉讓我逐漸恢復健康。之後，我便前去閉關以禪修。雖然我的肉體因為受到內在能量風息疾病的侵襲而變得衰弱，但是覺受和夢境仍是正面的。

在〔我的健康〕最混亂的時候，崇高殊勝的上師

---

⑦在原著中，這個藏文字是「bro nad」，似乎是「dro nad」（意指「熱病」）的誤植。

⑩即所謂的中陰，是一種介於死亡與投生之間的過渡狀態。

〔蔣揚欽哲旺波〕在來自宗薩的〔一封信中？〕寫道，
〔之前所撰寫的〕吉祥天母補懺儀軌，對於我的復元是
不可或缺的。此外，在一個夢境中，我忠實的弟子噶瑪
尼俄告訴我，如果不修持我所撰寫的吉祥天母補懺儀
軌，我將難以復元。但是，那個儀軌已經永遠不存在
了，於是我想到一個名叫《供養善神》的儀軌。在我撰
寫這個儀軌的那一天，一個吉祥的善兆——一道環形如
帳幕的彩虹，光明燦亮地出現在深藍色的天空中。在我
念誦供養儀軌數次後，健康便逐漸改善。

　　後來，伏藏師昆卓桑瓦澤（一般稱他為才旺達帕）
抵達鄰近區域。由於我們來自同一個故鄉，因此我猶豫
著是否應該前往會晤。我要求蔣揚欽哲旺波替我占卜，
幫助我做決定。他回答：「這個伏藏師是名副其實的，
但是由於過度狂放不羈，因此只具備平庸的品質。儘管
如此，如果你和他會面，將能夠癒合你先前和〔伏藏〕
之間毀壞的緣起。」可惜〔在那個時候〕，我無法和他
會面。

　　三十七歲那一年，是一個特別充滿障礙的階段，
我染上了數種疾病。我從事許多密集的修法，在那段
期間，密集修持「上師密意總集」，我夢到自己遇見蓮
師。我懷著極大的崇敬向蓮師頂禮，請求他的加持。蓮

師贈與我一些咒語和話語，然後說：「我將清除你這一年的障礙。在此後數年，你將在真實生活中與我相見，那個時候，你就能夠逐漸學習所需要了解的事物。」後來四十歲那年，當我遇見偉大的伏藏師秋吉德千林巴時，覺得那情景彷彿是一個孩子和父親重新團聚⑧。

　　從那個時候開始，這個知名的、無可爭議的真實伏藏師，依據我們會面之前和之後〔他所取出〕的伏藏，給予我許多方面的指引。雖然我才剛開始進行《大寶伏藏》的集結工作，但是在那個時候，我擔憂自己的生命面臨了障礙，而這種憂慮是有道理的。他預言，如果能夠在大眾集會時儘可能地廣施薈供，沒有拖延……，我將能夠盡享天年。我毫不猶豫地如法照辦。

　　特別的是，在宗素的一處聖地被發掘出來時，遍知的蔣揚欽哲旺波、偉大的伏藏師秋吉德千林巴、我及其他人，在「心密嚴洞」從事「八大善逝本尊」（或稱「八大嘿魯嘎」）大修法。在圓滿修法之後，兩位伏藏師立刻製作一張高聳的石質法座，並且鋪上一個坐墊，

⑧這句話的背景脈絡和蔣貢康楚仁波切天生的謙遜，使我相信，在這個情況下，蔣貢康楚仁波切覺得自己是孩子，而秋吉德千林巴則是父親。一個看見四十歲的蔣貢康楚仁波切和二十四歲的青年秋吉德千林巴相遇的人，或許會輕易地做出相反的假設。

要我供養象徵〔佛之〕身、語、意的塑像和圖像，並且把一個以未經琢磨的寶石堆砌而成的宇宙做為象徵性的供養❶。然後，他們給我一個由蓮師所賜予的法名：烏金吉美天尼揚炯林巴（意指「雙教義之穩定無死的封印」）。他們堅持我應該從此使用這個法名，以修補我和甚深伏藏之間毀損的關係。之後，他們便修法來增益我的壽命。（《幻化之甘露》，頁 32b-34b）

　　上文說明了蔣貢康楚仁波切對於自身感受的背叛，以及逐漸回歸到個人精神生活的根源，學習透過艱困的體驗來持續擴展自己的眼界，而不去排拒過去對於他具有重要性的事物。這段陳述並不是蔣貢康楚仁波切捨棄口耳傳承而投奔另一個傳承的故事。蔣貢康楚仁波切在著述時，通常把自己指稱為口耳傳承的成員，並且總是把泰錫度仁波切貝瑪寧傑旺波，也就是八蚌寺的住持、噶瑪巴噶舉傳承的轉世上師，尊為自己的根本上師。

　　根據蔣貢康楚仁波切的說法，宗派主義的偏見所造成的最嚴重結果，構成了屏棄佛陀教法的深重惡行。雖然每一位佛教徒必須在佛陀所授予的眾多教法中選擇一些做為精神發展的法門，但是排拒或毀謗其他佛教徒迴異於己的個人選擇，等於是

---

❶即獻曼達，此處的宇宙是指曼達。

在屏棄佛陀的話語。蔣貢康楚仁波切四十歲那年（一八五三年），接觸了蔣揚欽哲旺波，因而從宗派主義偏見的最後殘跡中解脫。蔣揚欽哲旺波是薩迦派的一個轉世上師，他不分派的遼闊願景，對於蔣貢康楚仁波切具有深刻的影響。當時蔣貢康楚仁波切從蔣揚欽哲旺波處領受了許多灌頂後，做了以下評論：

> 這年頭，喇嘛、學者和知名的僧侶只〔推崇〕自己的實修傳統，以及一些基本的佛教典籍。他們對於佛法整體的見解是有限的，而且觀點也非常狹隘。一般而言，每一個階層的喇嘛、學者和知名僧侶都缺乏佛陀教法的知識和經驗。

> 尤其是最近，那些欺誑不實、對佛教缺乏正見的人，表現得彷彿他們擁有一些權威，而發表了無數關於宗教傳統品質，以及傳承純正的聲明。此外，除了對其他的傳承〔沒有興趣〕之外，他們甚至無理地極力抗拒或避免自己的傳統〔的修持法門〕。他們多疑地如同一頭眼盲的氂牛，奔離自己想像出來的恐懼。

> 就我個人而言，衷心希望〔去修習〕精神發展的教導；然而，由於我從未獲得來自堅定承諾的精神力量，因此意志是薄弱的，並沒有實現我的願望。但是從那個時候開始，對於所有佛陀教法和上師所生起的無分別的

> 信心之花，逐漸在内心全面盛放。此外，我修持正法的
> 覺受也日益增上。因此，我避免犯下屏棄佛陀教法這個
> 極端嚴重的行為，是由於佛陀這個殊勝上師的仁慈。
> （《蔣貢康楚自傳》，頁 66b-67a）

蔣貢康楚仁波切閉關中心的進展

　　最初，蔣貢康楚仁波切並沒有打算要成為一個閉關中心的
創始人，他只想要禪修。他二十二歲時，首次進行一個長期的
閉關：在一八三五年的陰曆十月，於八蚌寺展開三年又六週的
閉關。雖然他無法完成整個閉關，但是：

> 〔在一八三六年末期，第十四世〕噶瑪巴〔德秋多
> 傑〕來到這個地區，並且派送了一封信件給皈依怙主
> 〔泰錫度仁波切〕，要求泰錫度仁波切派我前去教導他
> 〔梵文〕文法。泰錫度仁波切說，我不能不去，因此我
> 就出關了。（《蔣貢康楚自傳》，頁 25b-26a）

　　在蔣貢康楚仁波切前往噶瑪巴的駐錫地之前，泰錫度仁波
切授予了他一連串的教導。日後蔣貢康楚仁波切了解到，其中
一個教導預示了他成為噶瑪巴口耳傳承的主要傳承持有者：

　　他解釋，這個〔單一的教導〕包含了蓮師所說、關於心性成千上萬個教授的精髓。在過去，尊貴的〔第八世泰錫度仁波切〕卻吉炯涅曾經把它贈予強而有力的勝者督杜多傑 ⓬，做爲直指心性的教授，然後把他的傳承交付給督杜多傑。這個上師，也就是第十三世噶瑪巴，又把這個直指心性的教導贈予〔第九世泰錫度仁波切貝瑪寧傑旺波〕，並且把這個傳承交付給他。〔他給予我這個教導〕似乎有一個原因。（《蔣貢康楚自傳》，頁26a）

　　六年後，二十九歲的蔣貢康楚仁波切終於決定離開寺院，獨自居住在一個被遺棄的閉關場所。雖然他沒有指出離開八蚌寺的決定和他的良師益友在那年（一八四二年）年初逝世有關，但是這之間似乎有一點關聯。他現在唯一需要的，就是獲得上師貝瑪寧傑旺波的許可，讓他進入閉關：

　　　　我請求皈依怙主准許我住在〔前一世泰錫度仁波切的〕閉關處所，並且有時候在那裡從事閉關。剛開始，要他同意似乎是困難的，但是他最後終於答應我可以留

⓬督杜多傑（Dudul Dorjay）：即第十三世噶瑪巴。

在那裡三年。

之後，我處理我所擁有的大小財物，用來交換製作代表證悟者身相的圖像——十一幅大型精美的「上師密意總集」繪畫，包括那個教法的護法，代表證悟者之語的圖像——一卷以金液書寫而成的《般若八千頌》，以及象徵證悟者之意的塑像——一萬尊「擦擦」〔小型佛塔〕等所需的物資。

在卻吉炯涅的時期，在我隱僻住所的所在地，似乎有一個閉關中心和僧侶修行的精舍。然而後來，安楚旺吉多傑〔在八蚌寺〕創立一個「下閉關中心」後，這個地點就變成荒棄之地了。現在，這個地方除了一些傾圮破舊的建築外，一無所有。因此，在秋末的一天，我前去探究，並且向諸神施行了煙供。那個時候，沒有一條通往那個地方的清晰路徑，但是當我抵達〔下〕閉關中心後方時，有一隻禿鷹飛上天空，我追隨牠飛翔的方向……牠轉向東方，然後升騰而去：我朝那個方向眺望，便看見了閉關中心的所在。抵達該處時，我施行了煙供，未來吉祥的徵兆和跡象立即顯現。後來，兩位來自另一個區域的僧侶欣賞我的作為，便協助我在原是上座喇嘛舊居的廢墟，建造一座類似小屋的房舍。(《蔣貢康楚自傳》，頁 41a-41b)

　　蔣貢康楚仁波切為閉關所做的最後準備是，要求上師給予他即將要從事的禪修的灌頂。在此同時，他的隱僻居所也有了一個名稱，並於日後揚名於世：

　　　我已經領受了許多次的「三寶總集」灌頂，但是我想要領受〔泰錫度仁波切〕的特殊傳承，因此請求殊勝的皈依怙主，〔並且領受了〕灌頂。〔那個時候，〕他把我的隱僻居所命名為「殊勝遍在大樂」（藏文「參渣仁千乍」）。當我前往這個隱僻居所時，除了一些破舊的衣物、四分之一塊茶磚、五袋青稞和酸奶之外，身無長物。然而，在佛陀〔為其母說法之後〕從天降返的那個月〔也就是一八四二年陰曆九月〕的第十五天，我開始閉關。（《蔣貢康楚自傳》，頁 44a）

　　這個時候，蔣貢康楚仁波切終於能夠進行閉關，並且獨自居住。他完成了預期的三年閉關，但是之後並沒有返回寺院，因為他所建造的那間小小的隱僻居所已經成為他的家。二十年後，他回顧：

　　　我從皈依怙主那裡領受了灌頂和口傳後，首先我花了三年時間來修持前行法，以及「三寶總集」的主要修

持法門。之後，我修持源自舊譯派新舊伏藏的各種法門，例如，觀修上師的「秘密總集」、「上師密意總集」和「八大善逝總集」；以及來自新譯派的上座部和下座部密續的修持法門，例如，勝樂金剛、喜金剛和勝海紅觀音。我密集地修持每一個法門，搭配相應的圓滿次第禪修。尤其當我安住在心性，修習「大手印」禪修心要時，更借重〔其他人的著作〕來撰寫適切的論著⑨。

自從我移居此地，已經有二十一年的光景。在此期間，無論是因為過去所行惡業所生起的業果，或接觸那些違犯密續誓言的人所生起之障蔽，使我經歷了危害健康的疾病，都已經透過上師三寶的慈悲而徹底痊癒。除了〔疾病〕之外，沒有發生任何不幸，相反的，我修持的順緣已經增長。

尤其是自童年起，我就已經對蓮師生起虔敬心，對包含了〔蓮師所傳授的〕百萬種禪修精髓的這些法門生起信心。我精進地修持這些法門，已經產生了可信的、可見的成就徵兆：遍知的多傑悉知察（即蔣揚欽哲旺波）——無垢友尊者化現之法友，以及烏金秋吉德

---

⑨在西藏學術界，抄襲的行為一向盛行，並且被視為作者敬重過去大師的表徵。蔣貢康楚仁波切在撰寫這個論著時，可能是懷著謙遜的心情，而不是把這個當做犯錯的合理藉口。

千林巴——來自烏迪亞納的偉大上師 ❸ 的代表，其所化現的和平使者，在過去和最近，都常常來到此處開啓密續教法之洋的秘密寶藏，賜予我種種聖物和法物，例如佛像、〔伏藏的〕黃色羊皮紙等。他們創造了無數正面的、吉祥的緣起。（《八蚌寺閉關中心概覽》，頁11a-11b）

　　從蔣貢康楚仁波切的記述來看，他居住在這個被棄置的閉關中心，是因爲這是啓發並鼓舞他的上師之一的卻吉炯涅所創建。隨著時光流逝，蔣貢康楚仁波切開始懷疑，並且開始從其他人那裡得到一些暗示，此處比他所想像的更加重要。

　　在整個印度和喜馬拉雅山區有許多聖地，這些地方因爲過去偉大的上師在此禪修而變得神聖。在這些聖地中，有一些是眾所周知的，例如，被蓮師加持的地點，以及密勒日巴尊者禪修的地點。蓮師把其他地點變成聖地，留下伏藏加以封藏，等到日後這個地區能夠爲世界帶來巨大利益時再取出伏藏。蔣貢康楚仁波切發現自己身處於這樣一個地點：每個人都能夠進入、看見這個地方，但是卻沒有人覺察到這片土地有任何特別重要之處。蔣揚欽哲旺波首先肯定蔣貢康楚仁波切考慮把這個

---

❸指蓮師。

地方當做居處的直覺，而烏金秋吉德千林巴則正式揭示這是一
處聖地：

〔一八五六年，蔣揚欽哲旺波〕宣布，這個殊勝的
地點是第三個「德維科悉」——位於中脈最頂端的智慧
眼的外在表徵。我對這個聲明心存疑竇，因爲這個地點
的名稱並不爲人知。後來我詢問蔣揚欽哲旺波何出此
言。他回答，那個時候，他擁有一個清晰的禪觀覺受，
在智慧空行母⑩所唱的一首密歌中聽到這個地點的名
稱。（《蔣貢康楚自傳》，頁82a）

「德維科悉」意指「女神的宮殿」。第一個德維科悉在印
度，第二個德維科悉在西藏中部，兩者都是知名的聖地。

　　蔣揚欽哲旺波的話促使蔣貢康楚仁波切在那一年的後期，
要求烏金秋吉德千林巴描述此居處的殊勝之處。之後，烏金
秋吉德千林巴開始稱呼這個地點爲「察卓仁千札」（Tsadra
Rinchen Drak）。如今，這是它最常被使用的名稱。「察」
（Tsa）是梵文字「察惹札」（Charitra，即「四皈依」）⑪第一

---

⑩在這個法本中，空行母（dakini，爲梵文）是指證悟的女性，一個獲得無上成就的
　人，或一個來自佛之淨土的女性神祇。

個字母的錯誤藏文讀音。察惹札是中藏東南部最重要的一個聖地名稱。藏文中,「卓」(dra)意指「類似」或「相似」,因此,「察卓」即表示蔣貢康楚仁波切閉關的區域在宗教的影響力上,等同於聖地察惹札。「仁千札」(Rinchen Drak)意指「寶崖」,在西藏東部的二十五處聖地中,代表了證悟功德的心要。

　　蔣貢康楚仁波切描述烏金秋吉德千林巴揭示那處聖地的過程,以及導致他改變了人生,從獨居在一個小小的隱僻住所的禪修者和作者,成為一個閉關中心的創建者和上師的事件:

　　　我請求〔烏金秋吉德千林巴〕撰寫一本指南,來描述關於我所居所那個區域的殊勝之處。他回答,那個區域是多康地區二十五處聖地之一,因此沒有必要撰寫這樣一本指南,因為〔在很久以前,〕它就已經被封藏為一個伏藏。(《蔣貢康楚自傳》,頁85b)

　　一八五七年,蔣貢康楚仁波切四十四歲時,烏金秋吉德千林巴首次嘗試正式揭示那個地區為一處聖地,但是最後卻功虧一簣:

---

⑪把察惹札(Charitra)翻譯成為「四皈依」,乃是根據昆延貝瑪卡波所著的《聖地察惹札指南》(Guide Book of Holy Place Charitra),由位於大吉嶺的喇嘛謝洛嘉措(Lama Sherab Gyatso)出版,一九八二。

他開始行走，想對我們介紹聖地心要的特徵，但是這個地區的密咒護法（即一髻佛母）清晰地顯現在他面前。在其他人眼中，他看起來好像已經昏厥過去了。（《聖地察卓仁千札指南》，頁 15a）

在另一個描述相同事件的記述中，蔣貢康楚仁波切提及烏金秋吉德千林巴「屢次昏厥過去」，是因為密咒女護法令人無法抗拒的境相所致⑫。蔣貢康楚仁波切繼續描述：

在我的夢境以及散漫的念頭中，一直懷疑這個地方是不是一處聖地。同樣的，當我為了修持「上師密意總集」等新派和舊派密續教法而施行供養時，也納悶是否應該在這個地方建造一座小寺廟，因為我的居所可以使用的空間太小了。但是我知道，無論現在從事什麼樣的建築工事，在停留於此的時期結束後，都將白費，因此我接受了簡樸的戒律。

一段時間之後，我的皈依怙主，金剛持〔泰錫度仁

---

⑫ 在口耳傳承（Oral Instruction Lineage）上師的繪畫集結中，有一幅蔣貢康楚仁波切的畫像，蔣揚欽哲旺波和烏金秋吉德千林巴坐在他的前方，金剛薩埵在三人上方、在畫師概念中的察卓仁千札之主寺與周邊建築旁邊的虛空中翱翔。密咒女護法（Mantra Protectress）在蔣貢康楚仁波切的法座下方。

波切〕說：「前一世尊貴的〔泰錫度仁波切〕極爲關注這個閉關場所，但是從那個時候以來，已經毀損不堪，如果現在能夠〔建造〕一座寺院和閉關中心來做爲重建，將是一件美事。這個計畫必須積極進行！」儘管他下達了這個命令，但我並沒有採取任何特殊的行動來實踐，因爲除了其他因素之外，上師也即將圓寂⑬。

　　一八五九年〔轉世的泰錫度仁波切貝瑪昆桑出現時〕……我立下誓言，無論如何，都要在這個地方建造一座小寺院。上師，偉大的伏藏師〔秋吉德林巴〕在那個時候抵達……他發出金剛語：「如果在多康地區〔西藏東部〕的二十五處聖地，都能夠建造一座寺院和閉關中心，將能夠平息所有的紛爭和動亂，尤其是邊境的戰事。一般而言，這是指平息喜馬拉雅山區的紛爭和動亂，尤其是多康地區，特別是在各自的行政區。這些〔聖地〕是蘊含這種綏靖力量之穴⑭。每一個聖地都會出現一個與該聖地有淵源的人建造這些建築，在這個地方，那個人就是你。剛開始，建造一尊吉祥眞實嘿魯嘎

---

⑬在此處，蔣貢康楚仁波切用一個文雅的方式來提及上師的圓寂：「他正在接近他決定要協助其他衆生的時機。」換句話說，也就是投生在其他情況下。

⑭這裡所說的「穴」（location, *me btsa'*）這個字眼，是西藏在地理學上所用的名詞，等同於施行針灸時所取的身體穴位。

的塑像是必要的。建造塑像所需的材料和裝臟物件，可能都封藏在附近地區的伏藏中。」雖然我沒有資產以建造宏偉的建築，但是我明白此一特殊的因緣，並承諾依照他的命令行事。

我偕同〔八蚌寺〕的安楚仁波切，再一次請求〔烏金秋吉德千林巴〕揭示這個聖地的伏藏。我們接到以下的回函，信函附上他私人的封印：

為了回覆你想要揭示八蚌寺聖地察卓仁千札的請求，我要求你依照《三處空行授記》所解釋的來做：

此殊勝地察卓，
意為「證悟之心」，
其形相如心間
八支脈輪之輻。
吉祥嘿魯嘎⑮寺
落成於東門時，

---

⑮嘿魯嘎（*heruka*，為梵文）：一般是指忿怒或半忿怒的密續本尊。在這個背景脈絡中，一尊真實嘿魯嘎（Yangdak Heruka）像，舊譯派密續的主要本尊之一，是建造於察卓仁千札的寺廟內的主要本尊。

本地護法殿堂
和法像竣工時，
聖地即可揭示：
汝當謹慎留意！

在《授記書》中也提及：

烏克谷⑯之寺廟，
是由行經東部
米果澤那個人
的化身所建造。
薩迦以及羅竹，
是貝羅的化身，
將在寶丘察卓
建造一座寺廟；
吉祥嘿魯嘎像，

---

⑯ 烏克谷（Uk Valley）：這是指舊譯傳承的一個偉大上師薩迦炯涅（Shakya Jungnay,
　1002-1062）在烏克谷所建造的一座寺院。蔣貢康楚仁波切被認為是這個上師，以
　及毘盧遮那和許多其他上師的轉世。當我向中國康定的查察竹根仁波切（Tsa-tsa
　Drubgen Rinpoche）抱怨這個偈子難以理解時，他說：「這是一個預言的偈子：預
　言（授記）本就應該是晦澀難解的！」

透過見、聞、念、觸，
使人獲得解脫；
於閉關中精進
修持三內密續，
肯定將獲解脫。

在《空行秘密口傳》中指出：

祝融肯定將會
引致寺院毀滅：
應在北方建造
吉祥嘿魯嘎寺！

如這些經典所說，在二十五處聖地——〔這個地區〕的主要聖地——的每一個中心，將出現一個心靈先進開明之人，如果每個人都建造一座寺廟，就足以確保西藏和康區的安樂。

在這個情況下，一座嘿魯嘎的寺廟必須被建造在聖地的東方，以象徵進入智慧之脈的東方入口。如意樹的樹基是密咒女護法的支托，因此，密咒女護法的佛堂應該建造在東方入口。由於〔這些準備

工作〕對於實際揭示這處聖地而言是重要的，因此請和〔泰錫度仁波切的〕昆仲法友、司庫和〔寺院行政單位的〕總書記進行商議，了解這些事宜是否不可行。謹請針對此事給我一個明確的回覆。

　　他也宣布，在〔伏藏的〕黃色羊皮紙和秘密授記中都清楚指出，這個寺院〔八蚌寺〕陷入被祝融〔或〕被敵人摧毀的巨大危險中，解決方案是，在〔山丘的〕北面建造一座獻給偉大吉祥的〔真實嘿魯嘎〕的寺廟。如果寺廟能夠建造完成，將不會有任何損害降臨於〔八蚌寺〕。〔他提出警告〕，如果〔沒有把握〕這個吉祥的時機，〔如果這個工作〕被延遲，那麼無論如何都沒有用處：寺廟必須在今年竣工！

　　我沒有事先收集建造寺廟所需要的木材和其他建材，而且是靠著在這個地區托缽化緣為生，因此手中並沒有任何可以用來建造寺廟的物品。我詢問安楚仁波切，這個實修傳承的棟樑，寺院的行政單位是否能夠贊助興建外寺的經費。如果他們能夠贊助，我將變賣自己所擁有的任何有價值的物品，來逐漸完成其他建築物的興建，以及內部大小佛像的塑造。安楚仁波切極為關注佛教，因此同意給予贊助。一旦安楚仁波切對行政單位

的成員下達許可指令，那麼建造寺院的決定就已經底定。

　　當時我的想法是，即使寺廟本身建造完成，但是如果寺廟沒有特定的擁有者，那麼一般的所有人，也就是寺院的行政單位，將難以長期進行保存維護寺廟的工作，因此懷疑開展一個小規模的、連結這個寺廟的閉關中心，是否是一個好主意。我要求非常博學多聞的上師達桑仁波切為這件事情卜卦。他告訴我，他有一個非常正面的夢兆；這個夢兆指出，〔這樣的一個中心〕將有助於佛教。我也詢問遍知的上師多傑悉知察〔蔣揚欽哲旺波〕：他告訴我，他擁有一個非常特殊的、預示成功的淨觀。得到他的保證後，我全心全意地興建閉關中心和周邊的建築。（《八蚌寺閉關中心概覽》，頁11b-14a）

　　一八五九年，烏金秋吉德千林巴再一次地嘗試揭示聖地，並且獲得成功。這個事件為在察卓仁千札創建三年閉關中心一事清除了障礙。

　　卡盧仁波切在以下的記述中，說明了蔣貢康楚仁波切創建閉關中心的初衷。這段記述是由加拿大的喇嘛竹舉滇津所翻譯：

　　有一次，偉大的蔣貢康楚，此時他已經是八蚌寺的一個重要喇嘛，進入一個嚴格的閉關。在這次閉關期間，他聽說香巴噶舉傳承的主要持有者喇嘛諾布〔賢遍宇瑟〕即將造訪八蚌寺。蔣貢康楚對於香巴噶舉傳承已經非常熟悉，極爲敬重這些教法。他也聽說喇嘛諾布是一個非比尋常之人，他覺得直接從這個眞正的傳承持有者身上領受口傳，是非常稀有難得的機會，因此爲了會見這個人，他決定出關。

　　聽說喇嘛諾布抵達八蚌寺，蔣貢康楚出關，前去喇嘛諾布的下榻處表達敬意，並且探查從他身上領受口傳的可能性。當蔣貢康楚抵達喇嘛諾布的房間時，他發現自己完全被忽視。雖然他是八蚌寺的重要喇嘛之一，但是卻彷彿不存在一般！蔣貢康楚大爲驚愕；在他停留在那個房間期間，喇嘛諾布完全無視於他的存在。

　　蔣貢康楚因爲事件的轉折而心神不寧，他返回自己的房間，反思這個不幸，並且懷疑以前必定犯下什麼惡業，以致破壞了他和香巴噶舉傳承及其持有者之間的緣分。他完全沒有批評喇嘛諾布的念頭，相反地，一再地檢視自己，以辨明自己的過失。他是如此的掛慮不安，因而徹夜未眠，用整晚的時間來反思自己的短處，發露懺悔，清淨業障，並持頌金剛薩埵的咒語。

　　即將破曉之際，蔣貢康楚心裡有了一個想法。或許建立一個專門宏揚香巴噶舉傳承教法的閉關中心，他就能夠彌補贖罪，並且和這些教法結下善緣！他越加考慮這個構想，就越相信這個想法是適當的。

　　然後，蔣貢康楚在早晨所做的第一件事情，即是帶著這個構想，再度前往喇嘛諾布的房間。當他進入房間、在他開口說話前，喇嘛諾布就對蔣貢康楚說：「這是一個很棒的主意！我現在沒有時間給你所有的口傳，但是你應該實行這個計畫。我會盡快回來，給你整套香巴噶舉教法的口傳。」

　　雖然這個故事沒有被記載於蔣貢康楚仁波切的自傳中，但是他提及自己在一八四〇年（二十七歲那一年）第一次會見喇嘛諾布，並領受了一些教導。一八四三年，蔣貢康楚仁波切從喇嘛諾布那裡領受了香巴噶舉傳承完整教法的口傳。

在察卓仁千札的三年閉關

　　在察卓仁千札的第一個三年又六週的閉關，於一八六〇年開始，當時蔣貢康楚仁波切四十七歲。共八個人居住在一個小團體中：一位金剛上師，五位閉關行者（其中一位是護法寺

的喇嘛），一個廚師，以及一名樵夫。在蔣貢康楚仁波切的餘生，參與閉關的人數都是八個人。

　　開始閉關代表了蔣貢康楚仁波切的人生開展了一個非常豐饒多產的時期。在閉關的一開始，他首先給予灌頂和教授，並且撰寫在此被翻譯成為《蔣貢康楚閉關手冊》的閉關手冊。接下來的年歲，他在八蚌寺地區投入大部分時間，完成數量驚人的著作。正是在此期間，蔣揚欽哲旺波預測蔣貢康楚仁波切將完成蔣揚欽哲旺波所謂的《五藏》。當時蔣貢康楚仁波切已經完成了《噶舉語藏》；這個工作始於一八五三年，完成於一八五五年。他也忙於彙編《大寶伏藏》。正是在第一次閉關期間，他撰寫《五藏》的另一部藏《佛教百科全書》。在這個背景脈絡下，這部著作值得注意，是因為蔣貢康楚仁波切把它列為閉關行者必讀的書籍。那一年是一八六二年，蔣貢康楚仁波切四十九歲：

　　　　那個時候，喇嘛給敦堅持要我撰寫一本關於「三律儀」⑰的論著。他允諾，如果我撰寫〔本續〕，他就會撰寫這個本續的論釋。然而我考慮到，關於三律儀的論著非常普遍，在這樣一本論著之外再加上一個針對佛教

---

⑰三律儀（three disciplines, *sdom pa gsum*）是指別解脫戒、菩薩戒和密續誓戒。

修行之道的完整闡釋，將能夠利益那些不熟悉的人。心
中有了這樣的想法後，我便趁著每一座禪修的空檔，撰
寫了描述「三學處」⑱的本續，名爲《知識總匯》。後
來，我請尊貴的上師蔣揚欽哲旺波過目，他驚嘆：「這
部著作實在是上師加持，以及空行母開啓你的內脈之
故！這部著作必須視爲你的《五藏》之首。你一定要爲
這部著作撰寫論釋，這是一本精采的著作。」（《蔣貢
康楚自傳》，頁 100b-101a）

一年後，蔣貢康楚仁波切爲這本著作撰寫論釋：

從這個時候〔接近一八六三年第四個月的尾聲〕，
一直到第七個月結束，由於我得到博學多聞、充當秘書
的上師札西宇瑟的大力協助，而得以撰寫《佛教百科全
書》〔本續的〕論釋。（《蔣貢康楚自傳》，頁 105a）

這部蔣貢康楚仁波切提及的《佛教百科全書》，在不到

---

⑱三學處（three trainings）：指戒、定、慧。蔣貢康楚仁波切在《五藏》之一的《佛
　教百科全書》中，針對「三律儀」做了長篇幅完整而透徹的解釋。除了蔣貢康楚仁
　波切的解釋外，喇嘛給敦（Lama Ngaydon）也爲三律儀撰寫了本續，並且由蔣貢
　康楚仁波切的主要弟子之一的札西秋佩（Tashi Chöpel）爲此本續做論釋。

四個月的時間即撰寫完成，包括兩個部分：其中一部分是一百六十頁的本續，即一個被稱爲《知識總匯》的偈頌；另外一部分則是兩千頁的論釋，被稱爲《知識汪洋》。對於大多數學者而言，一部有著如此深度和廣度的著作，可能要窮大半輩子之力才能完成。

在第一次閉關即將結束前，蔣貢康楚仁波切建議未來的閉關行者在展開閉關前，先閱讀這部論著：

> 在進入閉關之前〔不論是在他的閉關中心或在八蚌寺的閉關中心〕，閉關行者都應該閱讀整部《佛教百科全書》。如果無法從事這麼大量的研讀和反思，至少應該要了解這本著作的第五個章節；這個章節說明了上師和弟子的特質、如何依止上師，以及針對三律儀〔提出了完整而透徹的細節〕。（《八蚌寺閉關中心概覽》，頁97b）

這些字句寫於一八六四年，也就是第一個三年又六週的閉關接近尾聲之際。在蔣貢康楚仁波切人生結束之前，至少在「殊勝遍在大樂」有七次或八次這樣的閉關圓滿。蔣貢康楚仁波切在那裡撰寫了大部分的著作，而從著作數量來判斷——他曾說撰寫這些書籍是爲了利益閉關行者，他發現閉關中心是激

勵他永不間斷撰述的泉源。

　　儘管蔣貢康楚仁波切成為閉關中心的主持人，以及地位日益重要的上師，但是卻沒有擺出任何高位喇嘛的作風。他偏愛簡樸的生活，沒有隨從或侍者。一如在自傳當中，他在一八七○年因為姪女仁津多瑪身染重病而感到痛惜時所寫的：

　　　　從我〔獨自〕進行嚴格閉關以來，只有在絕對必要時，才在身邊留著侍者，沒有一個僧侶〔為了這個緣故〕而固定留在這裡。即使後來〔寺廟和佛像的〕建築工事巨幅增加，也是由我尊貴的母親來打理家庭的瑣碎事務。除了她之外，在這裡，從來沒有一個司庫或總管。擁有一個司庫或總管，是居於高位的喇嘛或在寺院行政體系內的慣例。如果〔在那個職位上的〕那名僧侶的位階高於我，我會覺得自己受到他的支配控制；如果他的位階較低，那麼他便常常會偷盜或欺騙等，所以是不適合的。由於當時的風氣使然，那些和我一樣擁有同等位階的僧侶是無法保持低調的，因此我從未找到一個能夠長期仰賴的友伴。我從未去尋求任何一名僧侶來擔任侍者。母親過世後，我的姪女便取代了她的位置。（《蔣貢康楚自傳》，頁 119a-119b）

　　對蔣貢康楚仁波切來說，一八七〇年無疑是艱困的一年：
他的上師、主要的激勵來源之一，秋吉德千林巴在四十一歲那
年圓寂。蔣貢康楚仁波切不得不親眼見證自己預言的實現：他
會比秋吉德千林巴和蔣揚欽哲旺波活得更長久。他們三人曾經
在一次賽馬中較勁，結果秋吉德千林巴拔得頭籌，蔣揚欽哲旺
波居次，蔣貢康楚仁波切敬陪末座。抵達終點時，蔣貢康楚
仁波切開始哭泣，旁觀者便說：「這不過是一場比賽罷了！」
對此，蔣貢康楚仁波切回答：「不！這表示誰會先抵達銅色山
（蓮師的淨土），而我將獨自一人被留在這裡！」

　　蔣貢康楚仁波切在察卓仁千札和閉關中心的生活是安樂惬
意的，這一點在他於一八六〇年代早期所寫的一些著作中，是
如此明顯，但是這種安樂惬意最終都逐漸消失。然而，這種情
感的改變和閉關中心無關。一八七三年初，一群來自八蚌寺的
僧侶對蔣貢康楚仁波切和安楚仁波切發出強烈的抱怨和不滿，
尤其是針對後者，而轉世的泰錫度仁波切或許太過年輕而無法
左右情勢。在八蚌寺，事態演變得很激烈，以致於安楚仁波切
在一八七四年突然辭世。蔣貢康楚仁波切身心交瘁、小心謹慎
地解釋，他知道只有少數幾個僧侶要為這個悲劇負起責任，其
餘的僧侶則不應受到任何責難。然而，這個事件本身，以及僧
侶拒絕承認錯誤和道歉，深深地影響了蔣貢康楚仁波切：

　　他們用如此偏離正道的方式來回報安楚仁波切的仁慈，讓我對〔那裡〕所有的喇嘛和僧侶感到嫌惡。在〔這個悲劇〕發生後的十四年，我從未回到八蚌寺。即使是在〔八蚌寺的〕閉關中心給予教授等活動，也因為我情感的力量而減少。儘管我可以移居任何一個舊譯派或新譯派的大小寺院，但是考慮到個人對貝瑪寧傑旺波及其昆仲法友所許下的承諾，因而決定留在此處。（《蔣貢康楚自傳》，頁 133a-133b）

　　即使數年後，在一八九二年，當蔣貢康楚仁波切思量一個年輕的閉關行者南賈多傑的生與死，不禁又悲從中來：

　　他第一次來見我時，才剛剛開始說話；他學習如何正確地念誦《蓮師七句祈請文》。後來事實證明他的天資聰穎，天生喜愛修持善法。他圓滿了四十萬遍的「大手印」前行法，並且修持大手印的一些禪定，完成了惹那林巴的「金剛橛」❶❹的密集修法，以及大悲觀音修法。他進入閉關，打算繼續自己的修持，而我也寄望他會是一個能夠利益自己和他人的人。但是由於先前在這

---

❶❹金剛橛（Vajra Dagger）：即普巴金剛。

個寺院違犯密續誓戒的惡緣，以及時下的一般風氣所趨，所有人，包括我自己在內，不論有多麼良善，都屈服於障礙的力量。舉例來說，這個年輕人就無法活過二十三歲。（《蔣貢康楚自傳》，頁 184b-185a）

一八九二年，也是蔣揚欽哲旺波以七十二歲之齡圓寂的那一年，蔣貢康楚仁波切七十九歲，仍然非常活躍，為既是上師又是友人的蔣揚欽哲旺波撰寫了一本一流的傳記。他的自傳則在一八九四年完成，但是他仍然繼續著述，即使在人生的最後一年，也就是一八九九年，也依然如此。到了一八九九年，蔣貢康楚仁波切的健康狀況僅容許他口述，即使那個時候他八十六歲，但心智清晰，足以撰寫長篇又詳細複雜的論著，以及用偈誦來描述繁複的禪修。一直到他生命的盡頭，禪修仍然是精神生活的核心以及主要的關注。以下的字句記載於蔣貢康楚仁波切自傳的末尾：

綜觀我的一生，首先獲得此一特殊的境遇——擁有珍貴瑕滿的人身，具足七德四輪[19]。我進入殊勝的佛法之門，賦予人生真實的意義。此外，我得遇密咒金剛乘[20]；此乘在以前從未出現過，現在沒有出現，未來也絕不會再現。我的人生如同前往一座金銀島的旅程，在

這座島嶼上，我可拿取任何所選擇的金銀珠寶。在這個
世界上，這〔似乎〕是一個不可能的機會。然而，由於
逐漸成熟㉑之業果不可抗拒的力量，以及逐漸失去自己
的獨立自主而受到他人的控制，在從事禪修心要方面，
我空手而返，並受到我無心從事的工作的紛擾──永無
止境的俗務。（《蔣貢康楚自傳》，頁 189a）

　　蔣貢康楚仁波切謙遜的態度，時時眞誠的展現在他的著作
中，但是他卻在這些文字背後，使用緊扣讀者心弦的字句，爲
畢生所從事的研究、教授、撰述和禪修，做了一個完整而精確
的總結。正如蔣貢康楚仁波切最親近的弟子之一札西秋佩所正
確指出的：

---

⑲ 七德（seven qualities of higher existences）：指一個好家庭（種姓賢善）、宜人的
　外貌（身相莊嚴）、長壽、冤於病痛（無病）、幸運（具順緣）、財富（具資財）和
　聰明才智（具慧力）。四輪（four great cycles）：指居住在一個融洽和諧的地區
　（生隨順處）、依止一個精神先進之人（值遇善友）、生起善願（成就夙願），以及
　積聚功德（具足資糧）。

⑳ 密咒金剛乘（Vajra Way of Secret Mantra, *gsang sngags rdo rje theg pa*）：佛陀教
　導的三種心靈發展體系，即小乘、大乘和金剛乘中最高深的一個體系。在諸佛中，
　據說極少數會教導金剛乘。金剛象徵空性和雙運。在這個體系中，持咒構成了許多
　禪修的重要部分。

㉑ 藏文原著使用「*smon*」（aspiration，願）這個字，但是我相信這個字應該是
　「*smin*」，也就是成熟（ripen）。

　　這個尊貴崇高的上師，精勤鑽研每一個學科。他首先從研習一般的藝術和科學的背景中，展開讀與寫的教育，並且繼續追求〔佛教的〕高等教育，無所不知，無所不學：從佛陀的三藏教法，到殊勝的金剛乘教法，他的研究甚至包括最微不足道的灌頂、口傳、禪修教導、論釋的形式風格，以及密續四部的實修次第。他完整的教育紀錄可以長達兩卷，檢視此一紀錄，讓人覺得他是窮其一生之力來從事研究。他所授予的灌頂、口傳，以及從經論到舊譯派、新譯派的伏藏教導，讓人覺得他是窮其一生之力來從事教學。〔這位上師〕不像那些圇圇吞棗地完成聞與思、對於〔所學〕只有粗淺認識的人，那些人希望從事著述，並且抱持著一較高下、求名求利的態度，稱自己所寫的隻字片語為「我的全集」。不同於這些人，這位上師的著作在佛法即將衰滅的時代，振興延續了佛陀的完整教法。他的教授主要涵納於精采絕倫的《五藏》中，共有九十卷㉒。當一個人想到他解脫自在的人生的這個面向，會覺得他是在窮一生之力來從事撰述。審視他如何廣修大量舊譯派和新譯派的密續和

㉒現代版本的《五藏》，由頂果欽哲仁波切出版，總共超過一百卷。此外，蔣貢康楚仁波切的一些長篇論著並沒有被包括在這個版本中。

經論的禪修，讓人覺得他的一生都在嚴密的關房內進行〔禪修〕。這個上師解脫自在的生平㉓，只有覺醒之人才能理解。〔對於像我們這般的人而言〕，是無法理解的。這不是〔爲了紀念〕我的上師所寫的誇張不實的文字；這段記述是眞實的反映。對於智者而言，其眞實性是清晰顯然的。（《蔣貢康楚之晚年生活紀事》，頁 6a-6b）

總而言之，蔣貢康楚仁波切從來就沒有興趣透過積聚土地、建築物和追隨者來成爲一個具有政治影響力的人。除了他的小小閉關中心外，他從未刻意摧毀已經存在的制度或機構，而創立新穎的制度或機構。對於那些希望自由自在地浸淫在佛教豐沛浩瀚的學術和禪修傳統的人而言，他的見解和著述是一

㉓ 解脫自在的生平（life of freedom, *rnam thar*）：這個辭彙被用來形容一個偉大上師的人生，或偉大上師的生平傳記。蔣貢康楚仁波切在他的「解脫自在的生平」，也就是自傳的一開始，爲這個辭彙下了一個教科書的定義：

「解脫自在的生平」的梵文是「*vimoksha*」，意指「圓滿自在解脫」，也就是敍述〔證得圓滿自在解脫的〕傳記。就一般人而言，這是指透過純然的信心（淨信），從苦趣之中獲得圓滿解脫。對於中上之人而言，這是指透過清淨出離〔世間貪著〕之心，從輪迴之海中獲得圓滿解脫。對於卓越特殊之人而言，這是指透過更崇高的清淨發心〔來幫助他人〕，從輪迴和涅槃的兩個極端中獲得圓滿解脫。簡而言之，「解脫自在的生平」是講述最殊勝的傳記——從苦及苦因中獲得圓滿解脫，並且讓他人從自身的侷限中獲得解脫的事業。（《蔣貢康楚自傳》，頁 4a）

種解脫。蔣貢康楚心仁波切無旁鶩地將漫長的人生用於實踐和發揚這些理念。

蔣貢康楚仁波切圓寂後的閉關中心

如蔣貢康楚仁波切所希望的，他的閉關中心在他圓寂之後能夠繼續發揮功能，並由其他人擔負起帶領閉關的責任——雖然我們很難找到擔負此一責任的上師姓名的紀錄。到了一九二〇年，諾布東竹被迎請擔任閉關中心的上師。諾布東竹是一個轉世上師拉托祖古的幼子，而拉托祖古曾經是蔣貢康楚仁波切的弟子。諾布東竹認證一個十六歲的男孩噶瑪竹古丹增成為傳承的持有者，此一傳承也就是諾布東竹從蔣貢康楚仁波切及其兩大弟子（先前提及的札西宇瑟和札西秋佩）處領受的教導傳承。圓滿閉關之後，這個年輕人，即著名的喇嘛卡盧（卡盧仁波切名字的縮寫），離開閉關中心去追求更高深的學問，後來又閉關十二年。

諾布東竹繼續擔任閉關中心的上師，直到一九四〇年代中期決定退休為止。泰錫度仁波切和當時造訪八蚌寺的第十六世噶瑪巴下令卡盧喇嘛出關，以取代他的上師諾布東竹的位置。根據當時一個八蚌寺宗教團體的成員宗竹喇嘛所言，這個決定讓八蚌寺的一些喇嘛感到驚愕：八蚌寺有那麼多人選，為什麼

偏偏指定一個外人來擔任閉關中心的上師？噶瑪巴宣布，事實上，卡盧喇嘛是蔣貢康楚仁波切的一個轉世，但是若給予他正式的認證，將會爲他的事業和長壽製造障礙。然而，噶瑪巴仍正式承認這個喇嘛的身分，並成爲著名的卡盧仁波切。在噶瑪巴爲卡盧仁波切所寫的長壽祈請文中，他寫道：「你如今延續了蔣貢喇嘛自在解脫的人生。」

　　卡盧仁波切和蔣貢康楚仁波切的另一個轉世欽哲宇瑟一起住在閉關中心，常常在閉關中心上方的一個小庭苑內禪修。他們各自在這個小庭苑內種植了一棵松樹，至今仍然挺立。在圓滿他所指導的第一次閉關後，卡盧仁波切決定重整並擴建閉關中心。新的閉關可以容納二十五人。到了一九五○年代中期，卡盧仁波切離開閉關中心，前往拉薩、不丹和印度，閉關中心因而被棄置不用，並在一九六○年代被摧毀。

　　根據卡盧仁波切的設計，一九八○年代中期，一座新的閉關中心會建造完成。到了一九九一年中期，一個三年又六週的閉關在新的閉關中心圓滿，並且即將展開另一次閉關。閉關課程目前由卡盧仁波切的主要上師，即諾布東竹的年長姪兒來擔任指導。

序 ▎ 祈願與決心

嗡　斯哇悉地　悉當　師利　札雅　提欽杜
（*Om Swasti Siddham Shri Jaya Tiktrantu*）

（尊貴勝者之吉祥成就於此呈現。）

> 光耀世間與寂界之相好身，
> 無盡教法唯一來源之天語，
> 擁抱虛空甚深寂靜之智慧，
> 我頂禮我的上師，三密之主。

> 我為八蚌寺——實修傳承中柱——
> 閉關修之現在未來出離者
> 撰寫一本指南：「安適喜樂源」，
> 陳述他們所需遵守之律儀。

導論 ▎ 爲修行打下完美無瑕的基礎

在過去世，你憑藉著清淨的願望積聚了大量的功德資糧，如今，那些願望的力量爲你提供了某種比如意寶更爲殊勝珍貴的事物——你目前〔身而爲人〕所擁有的殊勝人身。你已經得遇佛陀教法之內在心髓——密咒金剛乘，擁有機會去依止任何一個所選擇具格的、持有傳承的精神指引。〔在你的人生當中〕，具足了修持精神發展教導的所有順緣，並且能夠專心致力地修持此法的心要。〔你的幸運〕，如同乞丐夢見自己擁有一個如意寶般的幸運，或許看來是不可能的，但是正掌握在你的手中！

雖然你的內心深處或許只想要成爲一個喇嘛，只要在一個閉關中心完成三年又六週的閉關，就感到心滿意足。〔如此這般，〕沒有清淨的發心和行爲，從事低於標準水平的禪修，你〔將只會〕欺騙了那些慷慨佈施、提供〔你在閉關期間〕所需必要資金的人，你將無法賦予生命眞實的意義。因此，〔爲你的修行〕準備一個完美無瑕的基礎是必要的。

做爲一個基礎，所有那些留在這裡從事閉關的人，應該對三律儀具有信心，並且在雨安居 ① 期間，研習和反思佛陀的

---

① 雨安居（a rainy season retreat, *dbyar gnas*）：常常是一段研習的時間，而非禪修的時間。在亞洲的雨季期間舉行。

經論和密續。尤其，〔從事閉關的〕許可應該給予那些為了來
生、以覺醒的解脫為首要之務而從事禪修的人。漫不經心、沒
有考慮到這一層的人，最後除了只會浪費〔其他人的〕物質資
助之外，沒有別的結果。因此，只有在經過深思熟慮之後，才
可以獲得閉關的許可。

　　為了在閉關期間修持〔禪定〕，你必須先〔準備〕一個適
當的基礎，〔確定〕你〔全心全意從事禪修的〕發心是不會退
轉的。在閉關期間，你應該應用佛法修持的見、修、行來取悅
他人。最後，你應該〔確定〕這個禪修結果不會被白白浪費，
來使自己感到心滿意足。〔這些是以下要描述的三個〕主要的
訓練規則。

第一部

準備並進入閉關

閉關的心理準備

什麼是閉關所需的不退轉之發心？《寶積經》有云：

迦葉❶，如果有一個受了具足戒的人①打算到一個靜修處〔來從事禪修〕，那麼他應該具備八種決心。什麼是八種決心？他應該下定決心：「我完全捨離這個身體。終其一生，我專心致力地〔努力達成這個目標〕。我捨棄任何加諸於我的尊榮。我捨棄所有的執著與貪愛。我將如同一隻〔留在山中的〕山羊一般，留在山間閉關。我將在靜修處修學一切威儀。我將留在那裡，用精神生活的教導來滋養自己。我將不會用煩惱來滋養自己。」這些即是八種決心。受了具足戒、希望進入閉關的人，應該留在那裡，受持這八種決心。❷

簡而言之，你必須把所有俗務留在身後，懷著證得無上正

---

① 受了具足戒的人（a fully ordanined person, *dge slong*）：指已經接受了比丘或比丘尼所有誓戒的人。

❶ 迦葉（Kasyapa）：佛陀的弟子，為一阿羅漢，律部所有支派的導師。其生平參見巴利佛典《佛陀的聖弟子傳 2：僧伽之父大迦葉・佛法司庫阿難》，頁 57-114，橡樹林文化出版，2005。

等正覺的誠摯發心來進入閉關。精神生活怙主吉登松貢指出：

> 事件如何開展，取決於〔你所發展出來的〕菩提
> 心，因此你必須〔對進入閉關的初衷〕非常謹慎小心。
> 當你進入山間閉關時，求證菩提的發心必不可摻雜其他
> 念頭。如果你進入山間閉關，懷著輕蔑友伴或他人之
> 心，將無法成就你的目標。如同一隻涉入〔深〕水的
> 狗，你的情況將日益惡化。如果你進入山間閉關是為了
> 控制他人，或懷著〔最後會獲得〕食物、財富或歡樂的
> 念頭，將在毀失誓戒的同時，積聚了〔你使〕他人失去
> 信心的惡業。如果你進入山間閉關，懷著瞋恨或類似的
> 負面念頭，每個人將懷著瞋恨來毀謗中傷你。如果你進
> 入山間閉關，懷著驕慢的念頭，美好的功德將不會在你
> 的覺受之流中生起。如果你進入山間閉關，懷著增加食

---

❷ 參閱漢譯《大寶積經》卷第一百一十四，〈寶梁聚會〉第四十四〈阿蘭若比丘品〉
第五（北涼沙門釋道龔譯，《大正新脩大藏經》第十一冊）：
佛告迦葉：阿蘭若比丘，必樂阿蘭若處，住阿蘭若處。迦葉！若阿蘭若處，所
謂無大聲，無眾鬧聲，離獐鹿虎狼及諸飛鳥，遠諸賊盜及牧牛羊者。順沙門行
處如是阿蘭若處，應於中修行。彼比丘若欲至阿蘭若處，應當思惟八法。何等
八？一者我當捨身、二者應當捨命、三者當捨利養、四者離於一切所愛樂處、
五者於山間死當如鹿死、六者阿蘭若處當受阿蘭若行、七者當以法自活、八者
非以煩惱自活。迦葉！是名八法。阿蘭若比丘所應思惟，思惟已當至阿蘭若處。

物、衣著和其他〔財物〕的積蓄，你〔不只〕將會沒有〔新進的〕食物和衣服，也會失去已經擁有的事物。如果你進入山間閉關，心中只想著自己的願望，這將不會利益自己或他人，因為那種態度類似聲聞乘②的態度。如果你進入山間閉關，懷著無明，沒有察覺到這些心態的負面結果，據說你善法的修持將不會有所發展和利益，且將導致惡業。

人們問他：我們如何預防這些事情發生？

他回答，這一次，你自己擁有如此作為的力量。這是為什麼我一直描述菩提心諸多利益的原因。如果你進入山間閉關，懷著慈愛的念頭，〔你生活中的〕所有爭執將會平息，而且諸事吉祥。如果你進入山間閉關，懷著悲憫的念頭，其他人將會受益。如果你進入山間閉關，懷著隨喜〔他人快樂〕的念頭，神、鬼和人都將對你善加護念。如果你進入山間閉關，懷著平等捨的念頭，你將能夠控制外顯之現象。如果你進入山間閉關，懷著〔慈、悲、喜、捨〕這四種無可估量的念頭，你將能夠透過四種形式的證悟事業③來利益自己和他人。

---

②聲聞乘（The Way of the Listeners, *nyan thos kyi theg pa*）：佛教修行最基本的修持形式。雖然這構成了後來佛教理論和修行的基礎，但是這種心靈發展方式的特色之一，卻是自我中心的態度，這是本書作者在此所評論的。

　　如果你進入山間閉關，懷著對禪修本尊的虔敬之心，你將獲得一般的成就。如果你進入山間閉關，懷著對上師的虔敬之心，你將獲得無上的成就 ④。

　　一般而言，如果你進入山間閉關，懷著特殊的善念，你將獲得特殊的成就。如果你進入山間閉關，懷著中等的善念，你將獲得中等的成就。如果你進入山間閉關，懷著一般的善念，至少你的善法修持將會有所發展，障礙將不會生起。

　　因此，如此處所說，擁有正確的發心是非常重要的。〔立定你的〕最初發心，如同播種一般。〔根據所播下種子的不同種類，〕小麥、大麥、蕎麥或豌豆各自的莖梗和穀粒將會成熟。因此，一旦你進入山間靜修處閉關，絕不退失以下這樣的念頭是非常重要的：在這一生中，爲了〔數量〕充滿整個虛空

---

③在金剛乘中，四種證悟事業是有效地從事禪修所能得到的預期結果，分別是：息（息除一切疾病、痛苦和惡緣災障），增（增益安樂、智慧和福德），懷（懷攝駕馭自己和他人，以及種種事務），誅（直接降伏障礙）。

④一般的成就（ordinary accomplishments, *thun mong gi dngos grub*）：即共同悉地或共同的成就，是禪修的附帶結果。一般而言，這種成就可以包括諸如平靜的心靈等任何世俗的事物，但是這個辭彙的特殊用法是指八種特殊的力量。無上的成就（supreme accomplishments, *mchog gi dngos grub*）：指殊勝悉地，是指了解一個人自心本性。

的一切有情眾生，尊貴的如母眾生，你要在那裡證得金剛持明的雙運果位⑤，你絕不會懷有「我需要獲得喇嘛的頭銜」，「如果我得到這個頭銜，將永遠不會缺乏餽贈和食物」，「我應該超越我的法友」或「我應該和其他喇嘛〔一樣成功〕」等錯誤的念頭，棄絕了那樣的發心是非常重要的。

閉關的實際準備

　　一旦你決定在滿月之日入關或在新月之日封關，並且〔留在關內〕，直到關房重新開啓之日，你必須〔做好準備〕，熟習〔諸多程序和技巧〕，如此一來，你就能夠毫不猶豫地從事。這些程序和技巧包括在這個閉關中心修持儀軌時，念誦〔祈願文、修法解說等的〕順序；準備供品的方式；念誦祈願文和吹奏法樂的腔調和旋律；如何製作〔適當形式的〕食子⑥；以及如何演奏各種法會的樂器。

---

⑤雙運果位（indivisible state, *zung 'jug gi go 'phang*）：指無上菩提及其應化色身兩者同時成就。

⑥供養食子（torma, *gtor ma*）是喜馬拉雅山區密續佛教獨一無二之處。傳統上，食子是由烘烤過的青稞粉或小麥粉和奶油的混合物製作而成，並且用上了顏色的奶油來裝飾。幾乎每一個密續禪修法門都有一個特定形狀和獨特顏色的食子。一些食子代表本尊，一些食子是供養本尊或護法的供品，另外一些食子則是獻給鬼神或一般情眾。

以下是你需要念誦的法本：

- 〔蓮師的〕《七句祈請文》，以及〔合修的〕相應修法解說。

- 覺囊和敏林⑦〔傳承〕的各種〔上師〕祈請文，以及〔第九世泰錫度仁波切〕貝瑪寧傑旺波之祈請文。

- 能夠清淨和長養〔功德和智慧的三律儀〕的儀軌。

- 〔以下來自〕敏林〔傳承的各類修法〕：金剛薩埵、眞實〔嘿魯嘎〕以及上師密意總集儀軌的所有支分（包括被稱爲《妙美華鬘》的事業儀軌和護法的酬補簡軌）⑧。

- 時輪九本尊中圍之修持法本和供養儀軌⑨。

- 〔以下來自〕香巴傳承的〔修法〕：勝樂輪五本尊中圍修

---

⑦覺囊（Jonang, jo nang，地名）和敏林（Minling，藏文「敏珠林」smin grol gling 的縮寫，意指「成熟解脫之地」）：西藏中部的寺院名稱。覺囊寺是由突傑宗竹（Tukjay Tsöndru）所創建，是香巴傳承（Shangpa Instruction Lineage）和金剛瑜伽傳承（Vajra Yoga Instruction Lineage）的主要修持中心。敏珠林由局美多傑（Gyurmay Dorjay）所創建，是舊譯派（Ancient Instruction Lineage）的一個修行中心。

⑧事業儀軌（an activity ritual, las byang）：包含某一個特定密續本尊儀軌的各個修持次第的法本。酬補儀軌（a fulfillment ritual, bskang ba）：通常用於佛教護法的儀軌。在儀軌過程中，呈獻的供品常常是那些供養任何本尊的供品（食物、焚香和花等）；但是在酬補儀軌中的供養，卻是針對某位特定的本尊。舉例來說，在一個西藏家庭中，一杯普通的茶是奉給任何一位訪客；而主人依照訪客喜愛的茶種所泡製的茶，則是奉給特殊的客人。前者對應一般的供養；後者則對應於酬補的供養。

法；五密續本尊中圍修法，精簡至只包括中央的本尊⑩；
紅、白空行母。

- 來自舊譯派和新譯派⑪的儀軌，用象徵形式的宇宙❸來
供養度母。
- 來自新伏藏⑫之《秘密心要》的三個修行法門。
- 《金剛薩埵聞即解脫修法》和《蓮花密續心要念誦儀
軌》。
- 於〔陰曆〕二十九日舉行的食子法會期間所念誦的所有

---

⑨在本書的許多情況下，蔣貢康楚仁波切似乎交替使用供養儀軌（an offering ritual,
　mchod chog）和修供儀軌（an offering-practice ritual, *sgrub mchod*）這兩個辭
　彙。供養儀軌通常是指觀想一個特定本尊或上師，並且呈現供品的儀式。而針對密
　續最高層次的本尊所做的修供儀軌，通常包括更多的供養：觀想自己是本尊（自生
　本尊供養）、觀想自己面前有一個本尊（對生本尊供養）、觀想本尊在寶瓶中（瓶
　生本尊供養）、供養、自入灌頂（自入供養）和薈供。於此之後，在「紀念供養和
　附加儀軌之月課」中，蔣貢康楚仁波切區分了這兩個儀軌，在本書其他地方則交替
　使用。

⑩在密續禪修中，本尊常常以特殊幾何圖形的「中圍壇城」（*dkyil 'khor*）來排列（通
　常是圓形）。舉例來說，在五密續本尊的中圍中，有五個本尊：一個本尊在圓輪中
　央（*dkyil*，中），其餘四個本尊在圓輪的邊緣（*'khor*，圍）環繞著中央本尊。

⑪舊譯派是指在第九世紀期間，蓮師造訪西藏時所開始翻譯的經典。新譯派是指第
　十一世紀，阿底峽尊者抵達西藏後所翻譯出來的經典。

❸象徵形式的宇宙即是曼達。

⑫新伏藏（New Treasures, *gter gsar*）：不是指任何特定的經典，而是指在作者那個
　時代所掘取出來的伏藏教法。在這個情況下，即是指十九世紀。目前只有在二十世
　紀掘取出來的伏藏，才會被指稱為新伏藏。

法本，包括《紅法》。

• 〔供養〕六臂護法瑪哈嘎拉❹食子儀軌的主要（根本）
和增補（支分）法本。

• 〔各種不同護法儀軌的法本〕，包括《具誓護法食子共
同供養儀軌》，以及密咒女護法、屍陀林瑪摩和出自新
伏藏之長壽女。

你也必須擁有以下指導手冊：

• 香巴噶舉傳承之〔覺囊〕和檀東嘉波二派的尼古瑪六法
前行和正行之根本和支分法本。

• 《大手印：了義海》及其附屬的疏釋。

• 《三士道次第》。

• 《修心七要》。

• 〔香巴噶舉傳承〕寶盒大手印兩種傳承之教授、三種動
中修行、無死和無入的修法、上師護法無別修法及四本
尊合修儀軌。

• 《有意義的觀看》，包含時輪之前行、正行和六支加行
的教授。

---

❹六臂護法瑪哈嘎拉（Six-Armed Protector, Mahakala, *phyag drug pa*）：又譯為「大
黑天」或「金剛黑袍」，據說是大日如來降伏惡魔時所現的忿怒相，是藏傳佛教眾
護法之首，通常有二臂、四臂或六臂的造型。

- 大圓滿上師內深心髓修法的教授，包括前行法及傳承祈請文。
- 薈供⑬輪儀軌以及蘇芒〔傳承〕之斷境修法的教授儀軌。
- 如意輪白度母的根本法本和日修儀軌。

所有這些書籍都已經印行，所以你必須確定在〔閉關〕前取得。一些比較次要的法本〔包括新伏藏的六臂護法〔修法〕〕沒有出版，你必須在〔閉關課程期間〕使用這些法本之前抄寫完成。

護法寺的閉關行者必須具備以下法本：

- 三寶總集之生起次第和圓滿次第的所有念誦和教授儀軌的法本。
- 八大善逝總集和新伏藏之〔黑〕閻摩羅的所有念誦法本，以及其他必要的修持法本。

當進入閉關的時間接近時，你應該製作一千個或一千個以上包含長咒的「擦擦」，繞行殊勝的上下寺廟一千次，並且盡

---

⑬薈供（vajra feasts, tshogs）：向本尊及同修以無上密續所行之供養。任何食物都可以用來供養，肉類和酒是薈供不可或缺的供品。

可能地廣修供養（例如供燈等）⑭。如果你擁有一些財富，應
該供養僧團食物和茶，或供養食物和金錢給四個清淨且受了具
足戒的人。如果你不富裕，至少應該偶爾把一頓午餐供養給一
個清淨且鼓舞人們生起信心的比丘或比丘尼。在從事所有活動
期間，你應該祈願：你將圓滿這個閉關，不受到任何打擾，佛
法教授將融入你的覺受之流當中。你應該竭盡所能地積聚大量
的善業，如果適宜的話包括修補路面或階梯；〔從屠夫那裡〕
贖回牲畜〔的性命〕，然後放生；佈施窮人。就短期和長期而
言，這些都是非常賢善、具有意義的行為。因此，閉關的指導
者，金剛上師⑮應該先〔替你們〕安排這些〔活動〕，之後你
們應該從事數次。

進入閉關

〔在入關之前，〕你應該花一天的時間儘可能地供養水食
子⑯。這個修持應該依照規定清淨行之。

---

⑭擦擦（tsa-tsa）：小型的泥塑佛塔，內含陀羅尼長咒（gzungs）。陀羅尼字面的意
　義是「不忘總持」，這些祈願文意在提醒閱讀者佛法教授的重要性。在喜馬拉雅山
　區的佛教徒，以順時鐘方向繞著佛塔或寺廟行走是一種常見的修行。在此提及的上
　下殊勝寺廟是指八蚌寺的主寺，以及附屬於八蚌寺、座落於其上的閉關中心。
⑮金剛上師（vajra master, rdo rje slob dpon）：代表蔣貢康楚仁波切擔任閉關中心的
　指導人，當他不在閉關中心時，則擔任主要的教導人。

你應該在閉關中心的大吉祥殿和護法殿⑰，供養所能負擔品質最優良的哈達。然後，連續一個星期，你應該從事新伏藏之秘密心要金剛孺童單運的密集修法⑱，這將能夠平息〔你修法的〕障礙。在護法寺的三天期間，你應該從事舊譯派和新譯派的〔護法〕供養儀軌。即使這些修法和念誦咒語並不被視為閉關課程的一部分，也不被計算在三年又六週的閉關期內，你也務必從事。〔在這段日子當中，〕每一個閉關行者都應該為自己做好準備。

在一個黃道吉日的清晨，根據《嘎爾廣大桑煙供》⑲的指示，向諸神供養大量的食物。午間，在修畢這個儀軌後，應該

---

⑯水食子（water tormas, *chu gtor*）：對財神和餓鬼所呈獻的水和穀物的供養。這個修持在閉關期間的每個早晨施行。

⑰閉關中心內有兩座寺廟，一座只用來修持護法的儀軌，另外一座則供所有其他場合使用。後者，也就是兩座寺廟中較大的一座，被稱為「大吉祥殿」（Great Glorious Temple, *dpal chen lha khang*）。這個名稱取自八大善逝本尊其中的一個本尊——大吉祥真實嘿嚕嘎（Yangdak Heruka）。據說，大吉祥真實嘿嚕嘎對那個地區具有特別強烈的示現。

⑱在藏文中，密集修法（intensive practice, *bsnyen pa*）含有熟悉、聯繫或親近之意。在現代密續修持中，初次與本尊聯繫或初次親近本尊，通常被說為「持誦咒語」。有些人或許會爭辯這是不正確的方法，但是如蔣貢康楚仁波切在本書中所用的方法一般，持誦咒語的數量仍然是衡量本尊修法的標準方法。

當一個修法被指為觀修一個唯一手印（single form, *phyag rgya gcig pa*）時，是指在這個修法中，沒有其他本尊環繞。「唯一手印」不是說本尊是單身的。在這個情況下，如同本書所提及的其他本尊一般，在觀想這個本尊時，該本尊是雙運的。

在閉關中心的入口從事《三分食子供養》。之後，閉關行者的
名單會被張貼出來。此時，這張名單應該包括來自寺院八個人
的姓名，他們將在每一年結束時〔進入閉關中心〕，以確定在
護法食子修法期間咒語持誦不斷。在〔張貼名單〕之後，除了
廚師〔後來被稱爲「閉關侍者」〕和樵夫外，不論身分高低，
沒有任何人可以進入閉關中心。

---

⑲ 桑煙供（a fragrant smoke, *bsang*）是備以常綠樹的樹枝，使其產生芳香的煙霧，
這個煙霧把供品帶給諸神或其他受供養的對象。以桑煙迎接到訪喇嘛的傳統習慣，
也屬於這類的煙供。

第二部

閉關中的生活

在閉關中心內有五個（解說）訓練的部分：

1. 在三年又六週期間，所要從事的特定禪修。

2. 每日四座禪修的日課。

3. 每年或每月必須從事的特別法會 ①。

4. 護法寺的喇嘛〔所必須完成的〕修法和念誦。

5. 總釋律儀和戒規。

---

①在原書和譯文的此處和下文中，第二項和第三項的次序皆有更動。

第一章 ┃ 閉關的主要課程

前行法

噶瑪巴口耳傳承的起源

閉關課程以一系列源自噶瑪巴口耳傳承❶的禪修,即修持大手印前的前行法做為開始。口耳傳承(或噶舉派)在西藏的起源可以追溯至瑪爾巴。瑪爾巴是第十一世紀的大師,從西藏前往印度去尋找禪修的教授。在瑪爾巴的眾多上師中,印度的瑜伽士彌哲巴傳授他大手印的禪修法門。彌哲巴的傳承起始於另一個名叫「勒那摩提」的印度人,此人在無色界從世尊金剛持處領受教法,之後,這些教法以上師傳給弟子的方式傳遞下來:從勒那摩提到薩惹哈、龍樹菩薩、夏瓦利巴,最後到彌哲巴。

一旦大手印的禪修指導教授傳入西藏,它們的地位在口耳傳承下經歷了漸進的轉化。密勒日巴是瑪爾巴的主要弟子,他的教法強調「那洛六法」❷(被稱為「方便道」);岡波巴是

---

❶噶瑪巴口耳傳承:或稱「噶瑪噶舉」。

❷那洛六法的內容為:一、拙火,又稱為忿怒母;二、幻身,以觀想自身與外在世界皆為幻影的修行;三、夢觀;四、明光,又稱光明定;五、中陰,即中陰身得度法,中陰身又稱中有;六、遷識,又稱破瓦法。

密勒日巴最重要的弟子，將大手印發揚光大。如蔣貢康楚仁波切在《了義炬》中所說：

> 密勒日巴尊者的習慣是先給予「方便道」的教授，因爲一旦禪修者獲得「拙火」和「幻身」的穩定覺受後，便能夠自然而然地了悟大手印的本質和精髓。無與倫比的達波〔岡波巴〕依據噶當派教法的修道次第來訓練大多數的弟子，對於上根弟子，他教導方便道之扼要，然後授予大手印的直指教授。（藏文版《了義炬》，頁 51a）

岡波巴成功地把口耳傳承的教法普及化，使具備各種根器和能力的人都能夠親近教法，並爲該傳承撰寫早期的教授儀軌，把口耳傳承的教法從密勒日巴的喜馬拉雅山巔，帶到一個寺院體系中，從此之後，這些教法大部分都被留存下來。如果今日口耳傳承的上師在外表、生活型態或教授方面有別於瑪爾巴或密勒日巴，或許是受到岡波巴普遍的影響緣故。

岡波巴是整個傳承的最後一個祖師，在他之後的口耳傳承，出現了許多大大小小的支派，每一個支派都建立了屬於自己的寺院體系，發展出各自研習和禪修的風格和教典，並且以一位或多位上師爲中心，這些上師透過一系列的認證轉世以延

續寺院、學術及禪修的傳統。

　　在這些支派中的其中一個支派：噶瑪巴口耳傳承，是以一個名叫杜松千巴（意指「過去、現在和未來三世的知者」）的上師的轉世為中心。杜松千巴是岡波巴的主要弟子之一。如蔣貢康楚仁波切在《不分派教法源流史》中所說：

　　　　第二世的杜松千巴名叫郤吉喇嘛〔意指「心靈教授的上師」，亦即著名的噶瑪巴希〕，擁有與傑出的大師薩惹哈無二無別的出離心和了悟，在過去無數劫中，他獲得諸佛的授權，成為展現他們證悟事業的行使者。他的名號，吉祥噶瑪巴〔意指「證悟事業的行使者」〕，響遍無量諸佛無上淨土。他在弟子面前示顯這個名號，因此〔他的傳承被稱為〕吉祥噶瑪巴口耳傳承。在喜馬拉雅山區佛法的巍峨殿宇中，這個偉大的學派代表了殿宇的最高點，如同一面勝利旗幟的頂端。

　　　　〔這個傳承〕是以一個父親及其五個法嗣為首。〔父親是〕勝者噶瑪巴，觀世音〔菩薩的化身〕，已經有十四個轉世，他解脫自在人生的證悟事業，遍滿印度、中國和雪域西藏。勝者夏瑪巴，護法無量光佛〔阿彌陀佛〕〔的化身〕，在他的十次轉世中，都是噶瑪巴的弟子，但是他在出離和了悟的功德上，卻和〔噶瑪

巴〕無二無別②。金剛手〔菩薩的化身〕嘉察仁波切的五世轉世已經出現（從〔第一世〕的帕久東竹，到諾布桑波）。勝者泰錫度仁波切，慈氏〔菩薩〕〔彌勒菩薩的化身〕，已經出現六世擁有佛陀教法之眼的轉世，以及六世擁有蓮花舌的轉世③。同樣的，傑出的帕渥仁波切和札約仁波切也已經出現多次的轉世。

　　在〔來自〕烏迪亞納的偉大〔上師蓮師〕所寫的各種伏藏法典中，皆提及這個父親〔噶瑪巴〕及其五位法嗣〔夏瑪巴、嘉察仁波切、泰錫度仁波切、帕渥仁波切和札約仁波切〕。蓮師也盛讚他們透過見、聞、念、觸，帶領其他人達到不退轉至輪迴境界的能力。這些不只是紙上空言：這些上師不是覺受有限、缺乏傑出功德或無法幫助他人的凡夫俗子。他們之中，那些身為學者

---

②在這個讚美夏瑪巴（Shamarpa）的訊息後面，具有隱藏的意義。蔣貢康楚仁波切沒有提及的是，他的主要上師夏瑪巴米龐卻竹嘉措（Shamarpa Mipam Chödrup Gyatso）在一場尼泊爾和西藏中部政府間的紛爭中喪生。結果，從一七九二年到一九六〇年代，夏瑪巴的轉世一直不被西藏政府所承認。

③蔣貢康楚仁波切計算泰錫度仁波切轉世次數的方法，有別於現代的計算標準。根據蔣貢康楚仁波切的計算方法，他的上師貝瑪寧傑旺波是第十二世泰錫度仁波切。在認證了貝瑪寧傑的轉世貝瑪昆桑後所撰寫的《佛教百科全書》，提及了第十三世泰錫度仁波切。根據這個計算方式，當今的泰錫度仁波切是這個轉世傳承的第十五世，然而他通常被認為是第十二世。除了這個情況下，我都依照現代的系統來計算泰錫度仁波切的轉世次數。

之人，〔其博學多聞的〕程度和印度佛教居於領導地位
的偉大學者並駕齊驅。他們之中，那些身為禪修者的
人，不曾滿足於修道的些微成就的徵兆，反而都已經
證得了偉大金剛上師的崇高境界。(《不分派教法源流
史〉，頁 7b-8a)

噶瑪巴口耳傳承的生命力，部分源自於含納眾多不同的禪
修體系。在該傳承過去和現在的領袖中，許多人以個人的禪修
教授為中心，而遠離了瑪爾巴的教授。甚至連噶瑪巴的主要護
法「金剛黑袍」，即源自於舊譯派的伏藏，也是口耳傳承的新
進者。噶瑪巴口耳傳承的現代上師常常給予來自於其他傳承的
灌頂：金剛薩埵、無量光如來、大鵬金翅鳥、金剛橛（普巴金
剛）等許多其他源自舊譯派的灌頂；來自金剛瑜伽傳承的時輪
灌頂；斷境傳承的入門灌頂；香巴噶舉傳承的六臂護法灌頂
等。從嚴守瑪爾巴口耳傳承之根本的觀點來看，這個傳承的領
袖似乎有點不太正統，但是這種廣闊的眼界卻也對該傳承的永
續發展有所貢獻。

在修持前行法期間所使用的法本

蔣貢康楚仁波切提及五個法本，做為這個閉關階段的指

引。前兩本，也是最重要的兩本，是第九世噶瑪巴旺秋多傑所寫的《大手印：了義海》，以及一本他未提及名稱的增補法本；後面這本法本可能是蔣貢康楚仁波切自己所寫的《了義炬》（*The Torch of Certainty*）。這本書已經由茱迪斯·韓森翻譯成英文，於一九九七年由位於美國波士頓的香巴拉出版社出版（中文版由慧炬出版社 2000 年出版）。

　　關於大手印的三本法本中，旺秋多傑所寫的《大手印：了義海》是篇幅最長的法本。而《大手印盡除無明黑暗》則是中等長度的法本，並於一九七八年由亞歷山卓·伯金翻譯成英文，由位於印度達蘭沙拉的西藏作品暨檔案圖書館出版。《大手印：了義海》涵蓋的範圍和見識遠遠勝過大多數的禪修指南：它不是爲了未來的禪修者所寫，而是爲了那些引導弟子從凡俗的心靈狀態獲致完全證悟的上師所寫，包含了上師應該詢問禪修者產生了哪些覺受等禪師式的問題，以及如何根據回答來繼續引導禪修者的建議。作者提出警告，不要讓禪修者閱讀超過他能力範圍的章節，因爲如果禪修者因而熟悉了上師的法本，可能會對他的進展造成障礙。蔣貢康楚仁波切建議，只有在專門從事大手印禪修法門的閉關階段，才可以完成這個法本的教授。《大手印：了義海》是最具啓發性的藏文書籍之一，但是我們很難想像這本書可以被翻譯出來供一般大衆閱讀。

　　蔣貢康楚仁波切撰寫《了義炬》做爲《大手印：了義海》

的增補，這本書包含了前行法的觀想教授。不論是原著或譯著，《了義炬》對於那些從事這個傳承的前行法的人而言，仍然是一本不可或缺的法本。

第三本法本是岡波巴所著的《解脫莊嚴寶論》，一九五八年由赫伯特‧根特翻譯成英文，一九七一年由香巴拉出版社出版。這本介紹大乘佛教的莊嚴寶論是在十二世紀撰寫完成，至今仍是口耳傳承每一個成員必讀的書籍。對於現代的西藏讀者而言，法本所使用的古典語言具有某種難度；對於現代的非西藏讀者而言，枯燥的內容或許會令人感到乏味，對於想像力徜徉在《密勒日巴十萬道歌》的讀者而言更是如此。《密勒日巴十萬道歌》和《解脫莊嚴寶論》這兩本書籍的風格，反映了這兩個師徒截然不同的個性和讀者群。密勒日巴是一個獨特的人物，在遇見瑪爾巴之前，曾經是一個邪教術士，運用邪術謀殺了許多人。他一生中所教導的人寥寥可數，他的教法比較適合那些能夠遵循他的範例，全心全意致力於修行的人。相反的，岡波巴曾經是一名醫師，並且在妻子過世後才進入寺院。他習慣服務所有的人，因此撰寫了如《解脫莊嚴寶論》這樣的書籍，為具備了各種根器和能力的人提供進入口耳傳承的管道。

蔣貢康楚仁波切提及的第四本法本是塔拉納達所著的《三士道次第》，也是噶當派介紹大乘佛教的另一本書籍。相較於《解脫莊嚴寶論》，《三士道次第》比較實用，引導讀者通過修

持佛法的三個發心次第。第一種人（士）的發心是把焦點放在改善今生或來生的情況；第二種人的發心是希望脫離輪迴；第三種人的發心是為了一切有情眾生而獲得證悟。可惜的是，這本書尚未翻譯成其他語言。

　　源自噶當派的另一本法本《修心七要論》，在本書中沒有被提及名稱，但是蔣貢康楚仁波切卻對閉關行者提及了一本關於《修心七要》的論釋。我認為，蔣貢康楚仁波切希望他們閱讀他的著作《修心七要論》。蔣貢康楚仁波切在一八五四年撰寫這本書，也就是在他監督第一個閉關的六年前。這本書由肯恩‧麥克雷翻譯成英文，一九八七年由香巴拉出版社出版。這本書的位置居於密續禪修的邊緣：儘管主題是大乘佛教修心的系統，但是卻也介紹了一個觀修上師的法門，以及一個被稱為「取捨」的觀想法門，而該法門正是密續禪修技巧的預備。

噶當派——佛語傳承

　　以上提及的三本書籍——《解脫莊嚴寶論》、《三士道次第》和《修心七要論》，都源自噶當派。在談及噶當派的起源時，蔣貢康楚仁波切指出：

　　　　當〔西藏〕國王朗達瑪鎮壓佛教的時代結束後，智

光派遣包括大譯師仁千桑波在內的二十一名年輕男子前往印度。他們邀請阿底峽尊者〔前去西藏〕。透過阿底峽尊者這位上師和譯師的仁慈，無數源自佛陀經論和密續的深奧教法重新被翻譯成藏文。這個時期所完成的翻譯，即是眾所周知的「新譯密續」。

阿底峽尊者的三個主要弟子：庫宗竹雍仲、俄利巴謝洛和中敦迦威炯涅，而中敦迦威炯涅的三個弟子：布托瓦、辰阿瓦和彭中瓦，即是所謂的「三昆仲」。庫宗竹雍仲的弟子朗日塘巴多傑桑傑，乃是無量光佛的真實化身。這些和其他許多傑出的菩薩上師，如同阿羅漢一般示現〔在這個傳承中〕，透過三士道次第的教授，救度解脫了無數人。這個傳承即是眾所周知的噶當派（佛語傳承）。

之前，這個傳承和許多寺院有所聯繫……然而現在，這個傳承的教授已經和噶舉、格魯、薩迦以及其他傳承的訓練體系融合在一起……除了這個〔教法的延續〕外，這個傳承仍然沒有屬於自己的制度。（《不分派教法源流史》，頁 5a-6a）

噶當派的上師以堅定不畏縮的自我檢視，以及一絲不苟的誠實正直名留於世，全心致力於修行。一個噶當派著名的俗諺

建議：

　　心極法依止，
　　法極窮依止，
　　窮極死依止，
　　死極荒溝依止。

　　出於人群，
　　入於狗伍，
　　得到聖位。❸

　　這種態度使得這個傳承贏得了普世的敬重和仰慕，但是追隨者卻寥寥可數，以致修行中心遭廢棄不用，但教法則在其他寺院體系中找到更豐饒富裕的新家。

前行法的重要性

　　蔣貢康楚仁波切強調前行法在閉關課程中的重要性。前行

---

❸此俗諺前四句一般稱為「四依止」，意為：把你最深刻的注意力轉向佛法教授；一旦你擁抱了修行生活，就要活得像一個乞丐；活得像一個乞丐時，也決定像一個乞丐那般死去；死亡時，沒有友伴。後三句一般稱為「出、入、得三事」。

法被密續佛教徒所熟知，卻不被喜愛。前行法常常被認為是一個人越過地平線，獲得「真正的」、更迷人的修行法門前所必須付出的艱難的、不可避免的代價。雖然對於所謂的生起次第和圓滿次第禪修的「正行」而言，這些前行法是預備的、初步的，但是它們先於後者，一如在展開一段長途旅行前，必須先加滿車子的油箱一般。密續禪修如同一輛豪華且馬力強大的汽車；前行法對於出離心、悲心和對上師虔敬心的修持，則如同燃料。沒有前行法的訓練，那麼油箱枯竭的亮麗車子就哪裡也去不了。蔣貢康楚仁波切引用了香巴噶舉傳承一位上師的話，來解釋何以如此：

如同偉大的桑傑寧敦所說，在修持前行法和正行期間，以下的話語非常重要：

在所有必要的禪修教法中，有三種禪修教授至高無上。〔第一，〕出於悲心來從事所有的活動，藉此發展一個有益的、慈愛的態度。〔第二，〕持續且密集地專注於死亡和無常，直到所關心的事物減少了，你覺得不需要任何事物為止。〔第三，〕全心全意地向你的上師祈請，如此一來，超凡的虔敬心將在你的心中湧現。對上師生起這種不止息的

虔敬心，直到你能夠真誠地流下眼淚為止。

　　這三種禪修教授將使一個人對自身體驗的虛幻本質生起自然而然的覺察，覺察到所有外顯的現象似乎都是不真實的；在明晰自然的夢境中，一個人能夠行動自如，能夠化現〔種種身相和外貌〕，轉變〔外貌〕，或真實辨別一個不共之位處；在白天，對大手印生起明晰、離戲的狀態；在夜晚，自生為本尊，或生起無量無際的覺察。所有這些覺受都會如〔禪修法本〕所描述的那般生起。

　　如果你尚未發展上述這三個重點，即使密集地修行很長一段時間，也很難達到〔密續〕禪修的究竟結果。因此，堅定不移且全心全意地修持這三個重點是必要的。

　　在這個以及其他的教法中，他強調這三個重點：悲心、無常和虔敬心，並且解釋為什麼對〔一個禪修者而言〕，時時刻刻把這三點謹記在心是必要的。（《香巴噶舉傳承修法祈請文》，頁 7a-7b）

　　此乃心的訓練，是前行法的核心。在閉關的不同階段，閉關行者以縮簡的方式重複修持不同形式的前行法。蔣貢康楚仁

波切在稍後提及的一本書籍中——仁津策旺諾布所著的《上師心意寶論》，解釋了箇中原因：

> 簡而言之，對你而言，在從事任何生起次第或圓滿次第的修行法門前，先皈依、發起覺醒心（或菩提心）、做十萬次大禮拜、持誦十萬次百字明咒、做十萬次獻曼達，以及〔對上師〕持誦十萬次的祈請文，是最佳的做法。如果你先完成這些修持，這些力量將能夠預防障礙，並且在從事正行期間將帶來快速的成果。這些修持法門能夠〔在日後〕結出如修持法本所描述的〔禪修〕成果。（《上師心意寶論》，頁19b-20）

前行法的閉關課程

四思量是前行法的第一個修持法門：思量暇滿〔人身〕之難得；思量死亡與無常；思量因果業報：思量〔無盡〕輪迴之過患。各用三天的時間思量每一個主題。這四思量以及四個前行修持法門❹：持誦十萬次皈依祈請文、十萬次〔金剛薩埵心咒〕百字明咒、做十萬次獻曼達，以及十萬次上師相應❹的

---

❹或稱「四加行」。

〔祈請文〕，必須在五個月內完成。

〔在這段期間，〕當你可以時，應該熟悉《解脫莊嚴寶論》的內容——由來自達波的、無與倫比的醫師〔岡波巴〕所著；由第九世〔噶瑪巴旺秋多傑所著的〕《大手印：了義海》，以及它的增補法本；由尊貴的覺囊〔塔拉納達〕所著的《三士道次第》。〔在這三本書中，〕《大手印：了義海》應該被當做基本的教科書，並且被詳細地教授。其他的兩本書應該在授予能夠支持修行的口傳⑤時被教授。

在這個時期的每一座修法之間，金剛上師應該闡釋印度佛教典籍《事師法五十頌》、《菩薩戒二十頌》以及《十四根本墮》，也應該教授並闡解噶旺卻吉旺秋所著的《二十五誓戒》⑥之本續和論釋。

如果方便的話，閉關行者應該在每天早晨念誦《二十五誓戒》。你應該緩慢地念誦，同時思惟字句的意義。〔早晨，〕

---

④「上師相應」（uniting with the mind of the spiritual master）英文直譯為「與上師之心意合而為一」，可能是藏文辭彙「bla ma'i rnal 'byor」的字面翻譯，也常被翻譯成「上師瑜伽」（guru yoga）。

⑤在給予口傳（a reading transmission, lung）時，上師會大聲念誦法本，通常速度很快。聽聞上師的念誦，即使對聽者而言，這種念誦是晦澀難解的，仍被認為是進入佛教任何主題的一個重要部分，包括佛教的禪修。在這個閉關中，金剛上師除了給予口傳外，也會針對法本的意義給予教授。

⑥蔣貢康楚仁波切有時候在其他地方用《法海》來指稱這個法本。

於念誦結束之後，你應該做出這樣的承諾：「我的念頭或行為將不會背棄皈依〔誓戒〕。」傍晚（舉例來說，在黃昏那一座的禪修結束後），你應該在做大禮拜的同時，〔再一次〕念誦這個祈請文，並且懺悔你的過失：「我承認我在念頭和行為上背棄了皈依的〔誓戒〕。」你應該認真地、憑著良心地檢視你是否在白天做出任何違犯了三律儀的身、語、意的過失。如果有，你應該誠心誠意地懺悔所有過失，並且決心不再重蹈覆轍。這是非常重要的：你應該全心全意地修學，並且如實依法地行止。

過去，噶當派偉大的善知識會為在心中生起的每一個善念收集一顆白色鵝卵石，或為每一個不善念收集一顆黑色鵝卵石。剛開始，每一天結束時，黑色鵝卵石的數量佔了絕大多數；後來，白色鵝卵石和黑色鵝卵石的數量平分秋色；最後，只有白色鵝卵石。到了那個時候，他們視自己已經成為一個真正擁抱修行生活的人。在此之後，有些偉大崇高的人用書寫的方式，記錄自己每天生起的善念或不善念，於傍晚時分檢視清單，承認〔自己的過失〕，並且承諾〔不再重蹈覆轍〕。雖然你可能無法〔和那些人一樣〕這麼做，但是透過關注與正念，覺受之流應該變得稍微清淨。如果不是如此，你就不能視自己為一個修道之人，禪修也將不會有重心。

在從事皈依和發起菩提心的修持期間，如果你尚未受戒，那麼應該領受兩大傳承的發起圓滿菩提心之誓戒⑦。除了這個

〔誓戒〕之外，〔也將給予〕《修心七要》的教授與闡釋。從那個時候開始，只要你活著，就永遠不應該忘記〔《修心七要論》所描述的〕修學內容。如果你無法在其他生起次第和圓滿次第的禪修發展出穩定的覺受，那麼你應該確定要把這些教法當做精神生活的中心焦點。當你安樂時，不要遺忘這些教法；當你感到抑鬱、身處不幸，或在其他應該應用它們的緊急時刻，更不要遺棄它們。

從皈依的修持法門開始，你必須逐漸完成十萬次的大禮拜。

香巴噶舉傳承

傳承的起源

接下來十五個月的閉關，要全心從事源自香巴噶舉傳承的禪修。在世界現存的修行傳統中，這個傳承是稀有罕見的，其教法源自兩位非常了不起的女性：尼古瑪和蘇卡悉地，這兩位

---

⑦在西藏，領受發起圓滿菩提心之誓戒的儀軌有兩大傳承：其中一個傳承的起源是印度大師無著，另一個傳承則源自印度大師寂天。詳見《解脫莊嚴寶論》，頁118-137。

十一世紀的印度女性獲得如此高的證量，以至於直接從密續佛金剛持那裡領受了教法。西藏典籍並沒有這兩位具有無上成就的女性的相會紀錄，今日，她們的教法會一起流傳下來，是因為她們共同擁有一個弟子，一位名叫瓊波那久的西藏人。這個卓越出眾的瑜伽僧侶在多次前往印度和尼泊爾的旅程期間，從一百五十位上師處收集了教法，這些上師有些是學者，有些是禪修大師，有些是女性，有些是男性，他把收集來的教法帶回西藏，傳授給其他人；而這些教法的集結，即是今日著名的香巴噶舉傳承（「香」是一個地名）。尼古瑪和蘇卡悉地這兩位女性的教法，是這個傳承體系的核心，如今，在人們的記憶中，她們是佛教國家印度所孕育出來最偉大的兩位禪修大師。

　　由於藏文的一個奇怪習慣，尼古瑪的身分至今未明。藏文對於「妻子」和「姊妹」所使用的敬語一模一樣，在許多典籍中，尼古瑪被提及為那洛巴的「蒼姆」：在此，這個字眼是指尼古瑪是著名的印度學者兼瑜伽士那洛巴的妻子？或是他的姊妹？字裡行間的意義莫測高深。

　　可以肯定的是，比起她更為著名的兄長或丈夫，尼古瑪更加優越——那洛巴艱苦修行了十二年才結束弟子生涯，而尼古瑪僅僅在一個星期內就證悟，遠遠超越所有覺醒的次第，而且在她之前和之後，能夠如她這般在無色界直接從佛陀那裡領受大量教法的人寥若晨星。如塔拉納達在《傳承歷史增補》中指出：

智慧空行母尼古瑪身爲那洛巴的姊妹／妻子的記述家喻戶曉。這個記述應該再添上一筆：她從東方的拉瓦帕大師那裡領受了一些教法。在和拉瓦帕大師一起禪修一個星期後，她成爲一個智慧空行母，示現虹光身，並且獲致八地的覺醒證量。據說東方的拉瓦帕的身體融入化光，只留下一片手掌大小的頭顱。他也是著名的「拉瓦帕孺童」。

尼古瑪也是知名的「尼古」，梵文爲「尼古塔」。雖然這個名字來自空行母的象徵語言，但是據說它的意義是「秘密」或「隱密」。擁有五種究竟功德的偉大成就者瓊波那久，從尼古瑪那裡領受了許多密續口傳，這些口傳名滿聖地〔印度〕。尤其，尼古瑪的特殊教授包括幻身大灌頂。尼古瑪在陰曆四月十五日的夜晚，藉著滿月的月光，授予瓊波那久這個灌頂。隔天早晨，她在瓊波那久的夢境中教授他整套「六法」，後來，瓊波那久清醒後，又從尼古瑪那裡領受了兩次六法的教授，因此他總共領受了三次。（《傳承歷史增補》，頁 2b-3a）

在人們的印象中，尼古瑪既是一個喜愛嬉戲，又是一個獲致完全證悟的人。在第一次遇見瓊波那久時，她宣稱自己是食人女妖的首領，並且建議他在其他女妖抵達大啖其血肉前趕快

逃命。當尼古瑪丟棄瓊波那久所供養的黃金時，瓊波那久開始懷疑尼古瑪所說的究竟是不是眞話！儘管如此，他並沒有驚慌失措。如人們所說的，接下來所發生的部分是歷史。

　　尼古瑪大量的教法構成了香巴噶舉傳承的絕大部分，但是人們卻認爲這是與尼古瑪同一時代的蘇卡悉地持續不斷的影響力，使得香巴噶舉傳承得以維繫茁壯。蘇卡悉地曾經是一個家庭主婦，直到她被盛怒的丈夫和孩子掃地出門爲止：她期望丈夫和孩子帶錢或食物回家，並把他們僅有少得可憐的財物全都送給一個乞丐。當時蘇卡悉地已經五十九歲，貧困無依，到處漂泊，直到售出一些自製的啤酒爲止。她成爲一個釀酒商和販酒商，最後把啤酒當成禮物送給當地一個瑜伽士，也就是偉大的成就大師畢魯巴。畢魯巴給予蘇卡悉地灌頂和教授，蘇卡悉地欣然領受，僅僅一個傍晚，她便獲得證悟：從六十一歲的身體，轉化成爲一個妙齡女郎的虹光身。如同尼古瑪一般，蘇卡悉地獲得如此高深的證量，直接在無色界，從世尊金剛持那裡領受教法。

　　當蔣貢康楚仁波切爲香巴噶舉傳承的上師撰寫供養儀軌時，他把蘇卡悉地置於祖師聖眾的中央。蔣貢康楚仁波切對蘇卡悉地獻上最多的讚辭和供養，並且在法會結行之際，從蘇卡悉地那裡領受灌頂。瓊波那久認爲，在他所有的上師中，蘇卡悉地是最仁慈的一位，其中一個原因是，蘇卡悉地承諾會持續

加持和鼓舞該傳承的持有者。而尼古瑪的貢獻是，在之後的幾個世紀中，她在檀東嘉波面前示現三次，在貢噶多秋面前示現兩次，傳授兩人諸多教法，進而振興了香巴噶舉傳承。

　　瓊波那久異常地長壽，活了一百五十歲（978-1127），成為後來把佛教傳佈至喜馬拉雅山區的眾多偉大上師的同一時期人物。瓊波那久在出發前往尼泊爾和印度追尋更多教授之前，曾經修持佛教傳入之前的西藏宗教「苯教」和舊譯派的教法，並且獲得了悟。在他所發現的一百五十位上師中，尼古瑪、蘇卡悉地、彌哲巴、惹呼拉和多傑滇巴，都是香巴噶舉傳承的主要貢獻者。

　　蔣貢康楚仁波切在《不分派教法源流史》中，表達了他對瓊波那久的看法：

　　　　他證得同等於印度大師盧伊巴、克里師那阿恰亞和甘塔帕的成就。在西藏地區，於最初〔佛教傳佈〕期間，〔蓮師的〕二十五位弟子中，或此一後期的〔大師中〕，沒有一個人擁有等同於他的博學多聞、禪修的成就、神通的力量，以及證悟的事業。（《不分派教法源流史》，頁 11b）

香巴傳承的主要禪修法門

蔣貢康楚仁波切在閉關課程中所囊括的主要禪修法門，大部分源自香巴噶舉傳承，而其中大部分又源自尼古瑪。

構成修行法門基礎的生起次第禪修，把焦點放在「勝樂輪」和「五密續本尊」等本尊上。五密續本尊是香巴噶舉傳承獨特的修行法門：無上瑜伽密續主要本尊中的五個本尊，都在一個單一的中圍壇城內。這五個本尊代表密續所教導的五個主題的究竟展現，而瓊波那久被認爲是五本尊的化現。蔣貢康楚仁波切在《佛教百科全書》中解釋道：

> 喜金剛是拙火的究竟展現；勝樂輪（或上樂金剛）是業印的究竟展現；密集金剛是幻身和明光的究竟展現；大幻化是睡夢的究竟展現；大威德金剛是證悟事業的究竟展現。〔瓊波那久〕能夠在其身上的五個位置，向〔他人〕顯示這五個密續本尊。（《佛教百科全書》，卷1，頁534）

在五密續本尊的禪修之後，是「五金法」（之所以稱之爲「五金法」，是因爲瓊波那久在向尼古瑪求法時，以黃金爲供養）的圓滿次第禪修。五金法被比喻爲一棵樹的形相。「尼古

瑪六法」：拙火瑜伽、幻身瑜伽、睡夢瑜伽、明光瑜伽、遷識瑜伽和中陰瑜伽，是五金法之根。大手印是從這些根部生長出來的樹幹，而尼古瑪的教授即是所謂「寶盒大手印」。「寶盒」這個名稱沒有象徵性的意義；瓊波那久把尼古瑪的基本教法寫在一片貝葉上，如視珍寶般存放在一個檀香寶盒中。五金法的枝部是三種動中修行的法門：觀修上師、本尊和幻身。花部是觀修白、紅空行母。最後，尼古瑪六法的果部是（輪迴或涅槃）之無死和無入。在這個閉關課程中，繼尼古瑪的教授之後是蘇卡悉地六法，以及尼古瑪和蘇卡悉地的長壽修法。

　　在閉關第一年的最後一個星期，要修持源自香巴噶舉傳承的一個修行法門——四本尊合修，第二年的最後一個星期則要修持這個傳承的六臂護法儀軌。這兩個修持法門經由瓊波那久的引介，首次在西藏出現；而瓊波那久則是從彌哲巴和惹呼拉那裡領受了這兩個修持法門。每一年最後一個星期的六臂護法修法，也是源自於香巴噶舉傳承。

　　這個傳承體系的特色之一，是在展開每一個禪修次第前都會先授予灌頂；相較之下，一個要修持「那洛六法」的禪修者則只有接受口傳，而沒有灌頂。尼古瑪體系的灌頂被稱為「加持儀軌」是比較精確的，以下則被翻譯成「灌頂加持」。在新譯密續中，五種入門灌頂讓弟子能夠開始修持一個特殊的密續禪修；這五種入門灌頂分別是：灌頂、加持、隨許❺、指示覺

性和口傳。如同蔣貢康楚仁波切在《灌頂、加持暨相關儀式之精簡分類》中所解釋的：

第二，加持，以一個精簡的形式授予灌頂之精髓。儘管這傳遞了四灌的所有涵義，但是卻不包括四灌的實際儀式⋯⋯一個加持儀式由幾個字句構成，很容易施行。（《灌頂、加持暨相關儀式之精簡分類》，頁 5b）

在吉祥的香巴噶舉傳承中，大部分的甚深教法都是在一個加持儀式的〔架構內〕，由四灌頂所組成。其中，「六法」正行的六種教授都是透過觀修放射和收攝〔光〕的方式來授予：〔在儀式中，〕沒有使用任何實質的灌頂法器。（《灌頂、加持暨相關儀式之精簡分類》，頁 6a）

---

❺ 灌頂的意義在於允許修持此本尊法以及獲得本尊的加持。一般的灌頂可分為「隨許灌頂」、「加持灌頂」及「大灌頂」。「隨許灌頂」（或稱「允許灌頂」）：「隨許、允許」之義在於受過此本尊灌頂後，即得允許修持此本尊法。「隨許灌頂」包含本尊的身、語、意灌頂。「加持灌頂」指與本尊無別之上師，賜予行者本尊之身、語、意的加持。「大灌頂」包含「因灌頂」及「道灌頂」。「因灌頂」是在本尊的「彩繪壇城」或「列堆壇城」中進行灌頂。「道灌頂」則是在上師的身壇城中進行灌頂。灌頂的內容包括：四灌頂〔寶瓶灌、秘密灌、智慧灌、第四灌（又稱「名詞灌」）〕、五方佛灌頂、金剛總持佛灌頂等。

香巴噶舉傳承的後期歷史

香巴噶舉傳承沒有屬於自己的制度架構，但是卻在喜馬拉雅山區廣為宏揚。其他傳承或隸屬於其他寺院的上師，成為這個傳承的持有者。十九世紀期間，噶瑪巴口耳傳承的蔣貢康楚和薩迦派的轉世上師蔣揚欽哲旺波，擔負起振興這個傳承的責任。二十世紀期間，蔣貢康楚仁波切的轉世之一卡盧仁波切大力推動，使喜馬拉雅山區及其他地區的佛弟子得以親近香巴噶舉傳承的教法。

這些現代的上師中，沒有一個人試圖為這個傳承建立一個制度架構，數個世紀以來，沒有一座香巴噶舉傳承的寺院被規劃或建造。這個傳承似乎自在地生存於閉關中心，而且比較不引人注目，常常被誤解為是口耳傳承一個較小的學派。

香巴噶舉傳承背負著偉大的承諾：兩位最卓越出眾的印度大師，把她們的教法傳授給被蔣貢康楚仁波切視為西藏所孕育的最偉大的上師。香巴噶舉傳承早期的承諾沒有隨著歲月消逝，是基於兩個原因。第一個因素是十七世紀早期的塔拉納達：

　　雖然香巴噶舉傳承已經傳佈給無數上師，但是由於空行母的言語之穩固封印，〔其教授的〕字句和意義從

不曾相互悖離。由於離於任何的垢染粉飾，所以香巴噶舉傳承立於最高點，凌駕所有傳承的禪修法門。(《傳承歷史增補》，頁 3a-3b)

　　第二個是十九世紀中期，蔣貢康楚仁波切在《佛教百科全書》中所做的評價：

　　　這個教授傳承具有三個特色，使其獨特出眾，超越所有其他的傳承。〔第一，〕傳承的持有者都是特別傑出的人士。該傳承的上師〔在證悟成佛之前〕的最後生世，都是菩薩的示現；這個傳承從未被凡夫俗子的出現而中斷。〔第二，〕禪修教授本身尤其出眾，其意義不會造成誤導，字句本身也沒有受到染污：偈頌之金剛語由空行母所封印，從未被凡夫的想像臆度而竄改修飾。〔第三，這個傳承的〕精神影響力尤其顯著突出。即使今日，在末法時期最極端的時代，這個傳承的影響力仍然能夠讓那些持守密續誓句、精進不懈的人〔透過修行它的法門〕，獲得成就的果位。(《佛教百科全書》，卷1，頁 237-238)

香巴噶舉傳承禪修的閉關課程

一旦完成〔上述〕前行法，閉關行者將被授予〔三種灌頂〕：第一個是為期兩天的香巴噶舉傳承五密續本尊大灌頂——正式灌頂前的預備修法和正式灌頂〔各需一天〕。第二個是勝樂輪〔中圍〕五本尊灌頂，此為開啓加持之門的第一個教授。在這個情況下，預備修法和正式的灌頂會同時給予。第三個是〔勝樂輪〕五本尊三摩地灌頂。

接著，閉關行者將會被授予勝樂輪中圍五本尊修行法本的口傳，以及禪修法本的口傳和教授，然後，你就可以開始密集修持。

〔在從事這個修持期間，〕閉關行者應該重複持誦〔主要本尊的〕七字咒七十萬次，二十二字心咒四十萬次，明妃咒十萬次，四尊空行母咒各一萬次。每一個咒語〔必須持誦額外的數目來做為〕補闕。然後從事三天、五天或七天的供養修持，並且施行三天具有綏靖平定作用的火供⑧，以圓滿這個修持。〔從開始到結束，〕這個修法必須在兩個月內圓滿。

---

⑧在從事火供（fire ritual, sbyin sreg）期間，想像把供品獻給在火壇城中的本尊。這樣的儀軌可以隨著供養和修法的發心，達成四種證悟事業中的任何一種。觀想、咒語和供品也隨著所欲求之果而變化。

接著，閉關行者被授予兩種灌頂：第一個是幻身大灌頂（也被稱為「所有功德來源之門」），是加持內前行的首要教授。其次是簡化為只有中央本尊的五密續本尊〔中圍〕三摩地灌頂。

一旦授予了觀修中圍中央本尊的口傳和教授後，就要在一個月內完成五密續本尊的密集修持。這段期間，每一個〔本尊〕的咒語必須持誦十萬次，總共五十萬次，加上〔額外的持誦〕做為補闕。在最後從事完整的供養修持，而且只施行三天。

在此之後，你開始從事尼古瑪六法的前行法。同時授予閉關行者源自香巴噶舉教法主要傳承（覺囊傳承）的教授，以及檀東嘉波之近傳承的教授。然後，你觀修一個星期的「阿字空性護輪」。

繼此之後是六法加持之流之首：拙火瑜伽的修法。一旦你領受了觀想的灌頂加持和教授，就開始觀修拙火瑜伽的野火〔次第〕，為期三週。這個時候，你應該學習那洛巴和尼古瑪的功法，並且在每天適宜的時候從事，不可中斷一日。這個修持法門的正行部分，也就是〔拙火的〕消融飲食之法，持續兩個月。在修持拙火三個月的最後一個星期，要修學源自近傳承的教授：「拙火一座」（的成就）。

接著，當你領受了觀想的灌頂加持和教授後，觀修幻身瑜

伽、明光瑜伽和睡夢瑜伽各三個星期，然後觀修遷識瑜伽和中陰瑜伽各兩個星期。由於〔從事每一個瑜伽修持〕的時間非常有限，你應該〔勤勉精進地〕修持，直到出現成就的徵兆。在每一個修持結束之際，「一座」的觀想教授應該完整地授予閉關行者。

在這些修持法門之後，閉關行者被授予「寶盒大手印」的灌頂加持，並且修持此法兩個月。覺囊傳承教授「獲致智慧身之方便」的加持，可以為閉關行者指示自心本性，應該〔在這兩個月內〕適當時機授予，而《大手印：了義海》正行的口傳和教授也應該要圓滿。

接著，閉關行者被授予觀修上師和本尊之動中修行法的灌頂加持，閉關行者修持三種觀修行法一個星期。（〔第三種，〕也就是幻身之動中修行法的加持，和六法中幻身瑜伽的加持一樣，因此這一次沒有必要重複給予加持。）

繼此修持法門之後，閉關行者同時被授予白空行母和其他三位空行母的灌頂加持（紅空行母的加持和遷識瑜伽的加持一樣，因此不必重複）。一旦給予教授和口傳，閉關行者就要觀修紅白空行母各十天，並且在這段期間持誦她們的咒語各十萬次。〔在這段期間，〕閉關行者應該修持這些禪修法門和遷識瑜伽的圓滿次第，直到出現成就的徵兆為止。

在給予灌頂加持和教授之後，閉關行者應該觀修身心無死

和〔輪涅〕無入一個星期。之後，閉關行者被授予「上師護法無二無別」的灌頂加持和教授，並且在一個星期內完成觀修和持誦咒語。

　　然後，用一個月的時間修持〔蘇卡悉地六法〕。觀想智慧空行母蘇卡悉地的灌頂加持和教授被授予給閉關行者，做為前行法。〔就這個修持本身而言，〕生起次第禪修和持誦〔咒語〕必須在每一座修法之初完成，但是時間長短不限。拙火瑜伽、幻身瑜伽、明光瑜伽和睡夢瑜伽等主要四法各修持一個星期，遷識瑜伽和中陰瑜伽則做為補充的修法。

　　最後，閉關行者被授予尼古瑪和蘇卡悉地之長壽修法的灌頂。為了鞏固賢善順緣，這兩個長壽修法應該施行一個星期。

　　如此，圓滿了所有香巴噶舉傳承的根本修持法門。

金剛瑜伽傳承

傳承的起源

　　接下來閉關的六個月，要全心全意地修持源自金剛瑜伽傳承的禪修法門。這個傳承主要是由本尊時輪的生起次第禪修，以及相關的圓滿次第禪修，即六支加行的教授所組成。在新譯密續中，時輪密續代表了究竟的教法。如同蔣貢康楚仁波切在

《佛教百科全書》中所指出的：

在佛陀寂滅入涅的前一年，他教授了時輪〔密續〕。在黑月（即陰曆三月）的滿月，佛陀透過證悟之力，行至位於印度南部的穀聚佛塔。他在佛塔下方化現法界語自在主〔也就是「時輪」〕的壇城，在佛塔上方化現吉祥的星宿壇城，然後安坐於由獅子〔承托的〕金剛寶座上。他對一群具緣的弟子傳授包含了一萬兩千個偈誦的密續之王──時輪──的本續。在這些具緣弟子中，包括壇城聖眾，要求佛陀傳授此一教授的月賢王蘇羌札❻，以及其他九十六位國王。

這個記述是以普遍被西藏時輪修行者所接受的傳統為基礎，這些修行者包括遍知的〔第三世噶瑪巴〕讓炯多傑。根據覺囊傳承尊貴的〔塔拉納達〕及其追隨者的說法，這個事件發生在我們的導師獲致證悟之後的一年。（《佛教百科全書》，卷1，頁370-371）

在所有其他精簡的無上密續中，被金剛語所封隱的概念，都清晰明確地呈現在時輪密續中。（《佛教百科

---

❻月賢王蘇羌札：藏文名字為達瓦桑波，是香巴拉王國的國王。

全書》，卷 3，頁 429）

　　與三金剛瑜伽相關的六支加行，代表了所有圓滿次
第禪修之〔教授〕的訣竅；而在所有廣大的根本密續
中，都共同明示了此一訣竅，是無上瑜伽密續所教導的
生起次第禪修和圓滿次第禪修之所有〔教授〕的極致，
立於所有瑜伽修持法門的頂峰，在印度和西藏被公認爲
形同日月。（《佛教百科全書》，卷 1，頁 548）

　　第一段引言中被提及的國王月賢王，是香巴拉王國的統治
者。香巴拉是隱藏在印度西北邊、不爲人所見的一個大王國，
與時輪密續起源之間的關係複雜而微妙。如蔣貢康楚仁波切在
《孺童入壇灌頂》中所解釋的：

　　法王月賢王把〔佛陀〕所有關於時輪密續的教法謄
寫成卷。他自己爲時輪密續的本續撰寫了包含六萬個偈
誦的論釋，並且委託雕刻工匠用珍貴的金屬和珠寶，建
造一個四百腕尺 ❼ 的本尊壇城模型。他圓寂前，廣授密
咒金剛乘。（《孺童入壇灌頂》，頁 6a）

---

❼ 腕尺：古時一種量度，自肘至中指端，長約十八至二十二英寸。

在月賢王之後，由另一個香巴拉佛教傳承的持有者（也就是香巴拉的國王）繼任。這個傳承只在香巴拉王國內延續，直到：

在陳那和月稱〔於印度〕護持佛法期間，傳承持有者阿巴雅婆藪用神通之力行至喀什米爾，他留在那裡三個月，豎立起一根石柱，並且傳授許多金剛乘的教授〔後來，〕偉大的時輪足蔣佩多傑，一個〔印度〕瑜伽士之子，依照一個禪修本尊的指示前往北方。途中，他領受了一個〔香巴拉〕傳承持有者化身的教授。在禪修六個月後，他獲得了神通，能夠暢行無阻地前往香巴拉。在那裡，他親見傳承持有者，並且領受了時輪密續的教法，以及關於時輪密續的三本論釋。一旦他記憶了這些教法後，即返回聖地〔印度〕，把這些教授傳授給師利巴達（又名「小時輪足」）以及其他人。這兩位大師教導了無數成就的上師，他們的教授覆滿大地。（《孺童入壇灌頂》，頁 6a-6b）

在檢視傳播至喜馬拉雅山區的禪修教授傳承歷史時，通常比較完整的紀錄是一個印度大師造訪西藏，指定一個人爲其主要法嗣，或一個勇敢的西藏人歷經險阻前往印度去尋求教授。

相反的，蔣貢康楚仁波切則計算出有不下十七種不同的金剛瑜伽教法的口傳傳入西藏，所有這些傳承的印度上師名單，讀起來如同一部在後期把佛法傳播至喜馬拉雅山區的密續大師名人錄，包括了夏瓦利巴、那洛巴、阿底峽和薩迦師利。

十三世紀一位上師統一了所有這些不同的口傳，如蔣貢康楚仁波切所說：

修行大師和偉大的出離者桑圖傑宗竹領受了這十七個傳承的教法；他是香巴拉傳承持有者的轉世。細數他所統一的現有口傳，以及從毘菩提四弟子那裡領受的傳承教授，總共有二十種不同的傳承。（《佛教百科全書》，卷 1，頁 551）

圖傑宗竹（1243-1313）在西藏西部蒼省的覺囊創建了一座寺院，而覺囊傳承被蔣貢康楚視爲這些教法中最重要的傳承。

金剛瑜伽傳承的主要禪修法門

金剛瑜伽傳承是以時輪的生起次第禪修和六支加行的圓滿次第禪修爲中心。「時輪」屬於無上瑜伽密續中最高級的無二密續本尊，在從事這個修法前所領受的灌頂，稱爲「孺童入壇

灌頂」。在一九八五年由英國倫敦的智慧出版社出版，達賴喇嘛和傑佛瑞‧霍普金斯所著的《時輪金剛密續》中，詳細描述了這個灌頂的次第。

時輪的禪修之後，是一個觀修身、語、意三遠離的法門，這是一個在六支加行之前的修行法門。

「別攝」是六支加行❽中的第一支加行。如塔拉納達在《有意義的觀看》中所解釋的：

梵文中，「般若提」意指「個別的」，「阿哈若」可以指「攝取」、「捨棄」、「飲食」、「侍者」或「收取」等意義。在此處，它的意義是「攝取」。把這兩個部分結合起來就是「般若提阿哈若」，意指「別攝」簡而言之，〔別攝〕是把〔從五根中生起的〕凡俗外相收攝於心，然後體驗純然覺醒的顯露。（《有意義的觀看》，頁 15a）

「心定」（或「靜慮」）是第二支加行，指嫻熟了前一個修法的成就。「駕馭生命力」（或「命力」）是第三支加行，在其他地方曾經被翻譯成「中止生命力」或「生命力」。塔拉納達

---

❽參見本書【英文版譯者導讀】中譯註 ❹。

解釋：

> 　　梵文中，「般若那」意指「生命」〔或「生命
> 力」〕，「阿亞瑪」可以指「中止」、「努力」或「延
> 長」等意義。把這兩個部分結合起來就是「般若那阿
> 亞瑪」，意指「生命力」或「中止生命力」。在此處，
> 「生命」是指「能量之風」（或「風息」），而「中止」
> 或「努力」是指使能量之風進入〔中脈〕。（《有意義的
> 觀看》，頁 26b）

　　第四支加行「執持」，是指維持能量之風的流動進入中
脈。第五支加行「隨念」，是指把先前四個次第的加行融入這
個加行的修持中。塔拉納達指出：

> 　　梵文中，「阿努斯密提」意指「憶念」、完整地帶
> 入心中。先前的禪修都被憶念起來，堅定而穩固地留存
> 於心中。（《有意義的觀看》，頁 38a）

　　第六支加行「〔大手印〕三摩地」，代表了金剛瑜伽的修
道極致。這個禪修法門即是時輪密續所說，修持三年又六週即
可獲致證悟。如塔拉納達所說：

　　一旦生起了三摩地，如果能夠維持三年又六週，
那麼肯定可以證得究竟實相之本質的次第。到了那個
時候，凡俗的肉身融入法界，證得偉大智慧的化身。
〔在這個狀態中，覺醒及其身相的展現，〕與偉大菩薩
的身相無二無別，具足各種覺醒的特質，例如十力 ❾。
（《有意義的觀看》，頁 40b）

金剛瑜伽傳承的後期歷史

　　一六四八年，也就是塔拉納達（1575-1634）圓寂十四年

---

❾ 十力：即十種智力。一、指如來十力，唯如來具足之十種智力，又做十神力：
（一）處非處智力，謂如來於一切因緣果報審實能知；（二）業異熟智力，謂如來於
一切眾生過去、未來、現在三世業緣果報生處，皆悉遍知；（三）靜慮解脫等持等
至智力，謂如來於諸禪定自在無礙，其淺深次第如實遍知；（四）根上下智力，謂
如來於諸眾生根性勝劣、得果大小皆實遍知；（五）種種勝解智力，謂如來於諸眾
生種種欲樂善惡不同，如實遍知；（六）種種界智力，謂如來於世間眾生種種界分
不同，如實遍知；（七）遍趣行智力，謂如來於六道有漏行所至處、涅槃無漏行所
至處如實遍知；（八）宿住隨念智力，即如實了知過去世種種事之力；如來於種種
宿命，一世乃至百千萬世，一劫乃至百千萬劫，死此生彼，死彼生此，姓名飲食、
苦樂壽命，如實遍知；（九）死生智力，謂如來藉天眼如實了知眾生死生之時與未
來生之善惡趣，乃至美醜貧富等善惡業緣；（十）漏盡智力，謂如來於一切惑餘習
氣分永斷不生，如實遍知。二、菩薩之十力：深心力（直心力）、增上深心力（深
心力）、方便力、智力（智慧力）、願力、行力、乘力、神變力（遊戲神通力）、菩
提力、轉法輪力等。

後，獨特的宗派體系覺囊傳承嘎然終止。塔拉納達的主要功德主之一，是中藏西部蒼省的統治者。這個時期，整個西藏都在第五世達賴喇嘛的統攝下，但蒼省統治者拒絕權力結構的轉移，因而引發了他的軍隊和受命於達賴喇嘛的軍隊之間的戰事。一六四二年，蒼省的統治者被擄獲處死，終結了西藏中部大部分的公然反叛。但反政府的情緒似乎一直在覺囊傳承的寺院內縈繞不去，這些寺院被西藏政府視為一大威脅，被迫納入格魯派的體系。儘管政治考量是潛藏因素，但是接管者卻聲稱「塔拉納達是一個腐敗墮落的上師，因此他的寺院體系也是腐敗墮落的」，做為接收覺囊傳承寺院的藉口。塔拉納達的主要駐錫地「塔登彭措林」更名為「甘登彭措林」，這是以位於拉薩的一座格魯派的主要寺院來命名。塔拉納達所有寺院的宗教生活全面被更改轉化，壁畫重新繪製，多波桑傑（1292-1361）的一些重要著作束之高閣長達兩百多年，直到一個與蔣貢康楚仁波切同一時代的人物能夠確保它們重見天日為止 ⑨。多波桑傑是覺囊傳承早期的上師之一，對格魯派而言，他的哲學觀點是一個詛咒。

　　命運多舛的香巴噶舉傳承和覺囊傳承寺院體系的命運相去不遠：貢噶多秋，塔拉納達前一世的轉世、覺囊傳承之首，曾

---

⑨這是依據基恩・史密斯為藏文版《佛教百科全書》（頁34-35）所寫的導言。

經在淨觀中領受尼古瑪的教授，而香巴噶舉傳承大部分的現代典籍，是塔拉納達以這些淨觀做為部分的依據撰寫而成。突然間，覺囊傳承和香巴噶舉傳承的體制從喜馬拉雅山區的寺院地圖上消失。所謂「四大學派」則是非常世俗的、有時候是血腥政治鬥爭的倖存者。

　　金剛瑜伽傳承和香巴噶舉傳承的教授，曾經是覺囊傳承的核心，並從寺院體系的滅絕中存活下來，這些教授被寧瑪、噶舉或薩迦派的上師，以完整而不間斷的口傳傳遞下來。蔣貢康楚仁波切把這些教授納入閉關課程中，以確保這兩個傳承的教授能夠生生不息，但是他卻沒有採取任何行動來重新恢復它們的寺院體系。雖然在蔣貢康楚仁波切的著作中，從未提及導致這兩個寺院體系消失的事件，但是他卻儘可能地把握機會引用兩位覺囊傳承上師──不被人取信的多波桑傑和塔拉納達的話語，做為支持任何主題的兩個最可靠的出處。每一次提及他們的名諱，蔣貢康楚仁波切都出自肺腑的盛讚以強調自己對他們的信心。在以下的引言中，蔣貢康楚仁波切用「謝洛嘉岑帕桑波」這個名字來稱呼多波桑傑：

　　　〔金剛瑜伽〕最重要的傳統是兩個⑩〔香巴拉〕傳承
　　持有者的教授傳承：〔第一個是〕遍知的修行大師謝洛
　　嘉岑帕桑波，他對佛陀殊勝教法的了解，是以四依止⑪

為特色。這個來自多波的偉大上師的生平，在《大法鼓經》以及其他經典中已經有所預示；其中提及一個名叫「牟尼」（即「能仁」之意）的僧侶，指的即是謝洛嘉岑帕桑波。〔第二個是〕尊貴的塔拉納達，他是宏揚過去成就大師之覺醒事業的偉大上師，刻意地投生在爭端最為劇烈的時代，在甚深密界中，證得等同於〔密續〕第二佛金剛持的崇高果位。由這兩位大師所傳佈的〔金剛瑜伽〕修持法門，勝過所有其他的修行法門：在這個禪修教授的傳承中，他們的修行法門是最重要且核心的。（《佛教百科全書》，卷 1，頁 552）

　　塔拉納達這個覺囊傳承最後一個持有者，對於蔣貢康楚仁波切的著作具有特別深刻的影響。這一點可以在閉關課程的特殊年度儀軌中發現。在紀念所有過去的上師時，只修持一天的儀軌，唯獨塔拉納達的紀念日會連續進行三天的集體共修。

　　過去，香巴噶舉傳承和金剛瑜伽傳承的關係緊密，這種密切的關係一直延續至今。最近幾年，香巴噶舉傳承的主要傳承

---

⑩ 在藏文原著中，是用「第二個」（gnyis pa），而非「兩個」（gnyis），但是我推測「兩個」是正確的說法。

⑪ 四依止：即四種究竟的依止，是指依法不依人，依義不依語，依智不依識，依了義不依不了義。

持有者、已故的卡盧仁波切，應第十六世噶瑪巴之請，把金剛瑜伽傳承的教授傳遞給噶瑪巴口耳傳承新一代的上師。卡盧仁波切也經常把覺囊傳承的時輪大灌頂授予來自世界各地的佛教徒。卡盧仁波切的主要弟子波卡祖古延續了這個傳統：他是三個閉關中心的閉關上師——位於錫金的噶瑪巴寺院的閉關中心、卡盧仁波切的寺院的香巴閉關中心，以及他自己寺院內的金剛瑜伽閉關中心。

念修傳承

在第一次閉關結束之際，蔣貢康楚仁波切決定採用來自另一個傳承，也就是念修傳承的教授，來補充金剛瑜伽傳承的教授。如蔣貢康楚仁波切在第一次閉關結束時所寫的一本書中所指出：

〔在這裡從事三年閉關期間，〕源自金剛瑜伽傳承的禪修法門，是以源自三金剛念修傳承〔相應的禪修教授做爲增補〕。（《八蚌寺閉關中心概覽》，頁 90a）

「念修」是密續修行通用的辭彙，一般分爲四個次第來教導：熟稔、近修、修行和大修行。蔣貢康楚仁波切解釋：

「熟稔」是指親近無上的成就，有如〔在展開一段旅程前〕，先思考前往一座城市的路徑。「近修」是指去接近實際的修行，如同爲旅途做準備。「修行」是指實際展開能夠得到特殊成果的特殊活動，有如出發前往城市。「大修行」是指沒有障礙地獲得成果，有如進入城門。(《佛教百科全書》，卷3，頁432)

蔣貢康楚仁波切定義了這個傳承的修行範疇，並解釋了起源：

清淨的過程是以身、語、意三金剛的覺醒覺受爲基礎——身、語、意三金剛和個人是無別的，因爲在禪修的根、道、果期間，它們持續不斷地示現。所必須清淨的是，因爲短暫、錯誤地執著於身、語、意的凡俗體驗而產生的障蔽，包括與〔清醒、睡夢、深眠和性行爲〕等四種情境有關的串習。清淨受到「熟稔支」——別攝和靜慮；「修行支」——命力和執持；「大修行支」——隨念和三摩地的影響。對於最敏銳和最精進的人而言，這種清淨的結果是，在今生即證得身、語、意三門的正等正覺。

〔此一修法的〕禪修教授，是由諸佛之母金剛瑜伽

女（或「金剛亥母」）以其心要，直接傳授給偉大的成
就上師烏金巴林千貝。〔在遇見金剛瑜伽女之前，〕烏
金巴林千貝已經徹底地修學佛陀的經論和密續……他透
過猛屬的目光和符合密續戒律的威儀，調伏了所有障礙
和恐怖的幻相，旅行至烏迪亞納的西部。他在杜瑪塔拉
中部領受了來自四方的四位空行母的加持，然後遵照一
個〔證悟者〕轉世的美女的預示，繼續前往卡渥卡城。
在那裡，金剛瑜伽女化身爲一名煙花女，首次示現在烏
金巴林千貝面前。金剛瑜伽女給予他食物、飲水和肉體
的歡悅，解開了他內脈中所有的脈結，然後在聲響、地
震等驚人而奇妙的徵兆中，她顯示出金剛瑜伽女的眞實
身相，授予烏金巴林千貝完整的教授。此外，烏金巴林
千貝先前遇見的四位空行母和獅面空行母也分別授予
他一些教授。烏金巴林千貝證得大成就的堅固果位。
（《佛教百科全書》，卷1，頁552-553）

　　烏金巴林千貝（1230-1309）曾經是第二世噶瑪巴的弟
子，尤其爲人所知的是，他是第三世噶瑪巴讓炯多傑的主要上
師。讓炯多傑首先在噶瑪巴口耳傳承傳佈念修傳承。如蔣貢康
楚仁波切所解釋的：

　　第二佛、遍知自生金剛〔讓炯多傑〕從偉大的成就
者〔烏金巴林千貝〕那裡領受了所有的禪修教授。他解
開了〔教授之〕金剛語的疑難，使這條殊勝道——此道
包含了勝過所有其他教授的重要教法——發揚光大。
繼其之後的噶瑪巴轉世（〔第四世噶瑪巴〕羅佩多傑以
及其他世的噶瑪巴）及其弟子，廣為傳播這些教授。
（《佛教百科全書》，卷1，頁554）

金剛瑜伽傳承禪修的閉關課程

　　為了完成第二年的閉關，閉關行者要用六個月的時間修持
時輪的生起次第和圓滿次第。在兩個星期期間，閉關行者要全
心全意地修持積聚福慧資糧和清淨業障的前行法，而「孺童入
壇」的大灌頂也在此期間分兩天授予：第一天是預備修法，第
二天是實際的灌頂。在授予了〔觀想〕本尊中圍壇城所需法本
的口傳，以及念修教授後，閉關行者要用兩個半月的時間來
〔觀修時輪中圍壇城之〕九本尊。在此期間，閉關行者應該要
念誦「杭叉」真言一百萬遍，並且儘可能地修持燃、壓、降、
融、降智等法。這些修法最後以三天的供養儀軌和火供來圓
滿。
　　在此之後，閉關行者依照《有意義的觀看》所描述的圓滿

次第,來觀修三個星期的「身、語、意三遠離」,然後,閉關行者被授予層次更高的無上灌頂。一旦授予了「別攝」的教授和神聖的加持後,閉關行者要用兩個月的時間來觀修「別攝」和「靜慮」〔的次第〕。在授予了〔其後〕四個次第的教授後——命力、執持、隨念和三摩地,每一個次第觀修十天。必須包括輔助的修持法門在內,例如遷識瑜伽,做為補充的修法。如果有必要和有重要的理由,那麼〔在觀修〕「隨念」或「三摩地」期間,將授予金剛上師、上和上上灌頂,這些〔灌頂〕不需要許多額外的教授。

舊譯傳承

傳承的起源

閉關的最後一年用來修習源自舊譯傳承的教授。來自印度西北方烏迪亞納的偉大上師蓮師,是這個傳承的重要支柱。他於第九世紀抵達喜馬拉雅山區,代表了密續佛法在此地開展的成功。蓮師持續不斷、無所不在的影響力,超越了舊譯傳承的侷限。蔣貢康楚仁波切認為,蓮師是使所有佛法修持在喜馬拉雅山區繁榮興盛的卓然傑出的重要人物。在《八大實修傳承上師供養儀軌》中,蔣貢康楚仁波切把蓮師放在上師壇城的中

央。在這本閉關手冊中，他也告訴閉關行者：

　　〔然而，有兩個重點〕構成了〔此處的所有修行法門〕的共同基礎。第一點、我們都應該視自己爲無上密咒的瑜伽士。第二點、一般而言，所有的西藏人，尤其是那些口耳傳承和舊譯傳承的追隨者，都把今生和來世最深的信心寄予第二佛──在此黑暗時代，一切有情眾生的唯一皈依，來自烏迪亞納的偉大上師〔蓮師〕。

　　擁有極爲多樣的修行法門，是密續獨特出眾的特色之一。就八大實修傳承所提供的禪修範疇而言，這是千眞萬確的；而在舊譯傳承中，修行法門的種類更是多樣，其中包含了原始的佛教經典教授和比較現代的伏藏教授。

　　針對舊譯傳承原始口傳的內容，蔣貢康楚仁波切解釋：

　　根據榮宗班智達所言，〔在舊譯傳承內，〕密咒金剛乘有七支口傳：一爲帕瑪卡拉所傳，一爲南開寧波所傳，一爲香定嘉巴（據說他曾經參與位於桑耶的寺院的開光儀式，而且降伏閻羅摩的教法大多源自於他）所傳，一爲毘盧遮那所傳，二爲無垢友尊者所傳，一爲偉大的努布〔桑傑耶喜〕所傳。（《佛教百科全書》，卷

1，頁 516）

　　此處指出的六位上師中，帕瑪卡拉（意指「蓮花生」，也就是蓮師）、香定嘉巴和無垢友尊者是前來西藏的上師，南開寧波、毘盧遮那和努布桑傑耶喜是前去印度的西藏人。蔣貢康楚仁波切首先說明了蓮師對於構成舊譯傳承的口傳所做出的貢獻：

　　　　把佛陀教法的新曙光帶到喜馬拉雅這片黑暗土地的偉大領袖，是文殊妙音菩薩的化身，也就是西藏國王赤松德眞。由於〔赤松德眞王〕卓越出眾的洞察力和無量的仁慈，一切有情眾生之怙主無量光佛轉世成爲金剛上師〔蓮師〕示現於西藏。他是所有成就者之頂嚴，是第二佛，擁有帕瑪卡拉等八個眾所周知的名號。對於凡庸的弟子而言，他僅僅在〔桑耶的〕寺院教授《哲學見解教授寶鬘》。對於特殊的、〔與密續教法〕中具有賢善因緣的弟子（包括西藏國王及其臣子等五位法友），他主要在代表身、語、意、功德和證悟事業的五個修行地〔示現〕。在這些修行地和其他的聖地，他授予無數不可思議、能夠讓〔人們在修行的道路上〕成熟解脫的教授。〔他的教法〕包括無數的修行法本，並且有事業儀

軌做為增補；這些事業儀軌和八大壇城之寂靜忿怒本尊
的修法有關。此外，他的教法還包括寂靜忿怒上師尊的
教授，代表所有大圓滿教授之內在精髓。

　　他在青布、耶帕和曲沃里興建了三座大規模的禪修
中心。透過無礙的神通，他也行遍衛區（西藏中部）、
蒼省（西藏西部）和康區（西藏東部）。在西藏，沒有
一片大於馬蹄的土地是蓮師的足跡未履之地。他在所有
人煙罕至的山區舉行開光儀式，做為禪修的處所。他把
教法授予那些與密續具有賢善因緣之人，造就了無數成
就的上師，這些人包括青布的二十五位成就上師、揚宗
的五十五位了悟者、耶帕和曲沃里證得明光身的一百零
八位行者、謝札三十位咒師，以及色身融入智慧光明相
的二十五位空行母。（《佛教百科全書》，卷 1，頁 509-
510）

　　蓮師抵達西藏，代表整個西藏地區的宗教豐富多產時期的
開端。如蔣貢康楚仁波切在《不分派教法源流史》中所指出的：

　　〔在那個時期〕前來西藏的一百位學者中，有三位
最重要的學者，其中兩位是已經證得不壞金剛身的偉
大上師——來自烏迪亞納的措耶多傑（意指「湖生金

剛」，也就是蓮師），以及來自喀什米爾的無垢友尊者，另一位是非常博學多聞、來自札霍的大師寂護（或靜命）菩薩。許多是〔菩薩〕化身的譯師，包括大譯師毘盧遮那〔和他的同僚〕卡瓦帕澤、卻羅盧嘉岑，以及香耶喜德，翻譯了存在於印度、所有最著名的佛陀教法和證悟上師的論釋。〔來自〕烏迪亞納的偉大〔上師〕以及其他上師，從空行母的祕密伏藏那裡取來極爲深密的密續，〔並且把它們帶入西藏〕。這些存在於印度的甚深密續，一般而言不爲人所知，因此，西藏成爲一個福慧之地。（《不分派教法源流史》，頁 4a）

那個時期所給予的教授和完成的翻譯，成爲舊譯傳承經典的基礎，而舊譯傳承也是所謂的前譯派。從蓮師以降，這些經典的口傳已經透過許多上師完整而不間斷地傳遞下來，然而對密續佛教徒而言，這只構成了蓮師遺產的一小部分。蔣貢康楚仁波切解釋：

那個時候，蓮師了解到沒有一個適當的環境，也沒有需求來傳授他大部分的教法。蓮師考慮到未來無量的有情眾生，在他所指名的一百萬個處所封隱他的教法（舉例來說，五大伏藏的出處——一個在中央，其餘四

個分別位於四方），同時也在許多沒有名稱之處封藏了
無數教法。他用七封印來護衛這些伏藏。（《不分派教
法源流史》，頁 4b）

這些伏藏教法是蓮師的宗教影響力在喜馬拉雅山區重新復
甦的永久動力，在蓮師的無數弟子中，耶喜措嘉被許多人認為
是他最重要的弟子，擔負起伏藏的重責大任。蔣貢康楚仁波切
在《甚深伏藏暨德童史》中，簡短描述了耶喜措嘉的事業：

　　一般而言，蓮師考慮到未來弟子的需求和佛法的延
續，分別在印度、尼泊爾和西藏封藏了無數的伏藏——
教授、財寶、丹藥、法像和法物等。在喜馬拉雅山區，
蓮師以其善巧方便，根據弟子的不同根器，給予合宜的
教法。他也特別傳授三種密續瑜伽之無數甚深教授和事
業儀軌。

　　所有這些教法都由法界密妃耶喜措嘉運用圓滿無瑕
的記憶力集結起來，她用五種空行母的象徵字體，把這
些教法記錄在黃色羊皮紙上，並且用各種不同的寶器保
存，護以無法摧毀之封印。這些教法由蓮師、耶喜措嘉
或偕同西藏國王及蓮師最親近的弟子封藏，並且交託給
伏藏護法。尤其在蓮師離開西藏前往拂洲〔淨土〕後，

耶喜措嘉活了一百多年，在上藏、下藏和中藏各地封藏無數伏藏，並且加以護衛。（《甚深伏藏暨德童史》，頁34b-35a）

蓮師其他一些親近弟子也封藏伏藏。此處，蔣貢康楚仁波切指的是被封藏在地底下的伏藏，但是伏藏也曾經在其他位置被掘取出來──在淨觀之中、在心意之中，以及從記憶之中等。那些取出伏藏的人，前世曾經是蓮師的弟子。如蔣貢康楚仁波切所解釋的：

那一百位主要的和一千位次要的伏藏師，是那些注定要被〔來自〕烏迪亞納的偉大〔上師〕帶往諸本尊之不壞中圍壇城，證得成熟正果之人的轉世或化身……〔他們取出的〕伏藏，是由能夠在一個特定時期利益一切有情眾生的事物所構成──教法、財寶、丹藥、聖地等。這個事業將一直延續下去，直到〔下一個佛〕彌勒佛現世為止。（《不分派教法源流史》，頁4b-5a）

本階段閉關禪修的起源

在這個階段的閉關期間，閉關行者要修持三個主要的禪

修：金剛薩埵和眞實嘿魯嘎的生起次第禪修，以及大圓滿之圓滿次第的禪修。

金剛薩埵的修法是由烏金德達林巴（又名局美多傑，1646-1714）所掘取出來的伏藏法典。蔣貢康楚仁波切提及，這個修持法門結合了舊譯傳承的經論和伏藏教授。

如蔣貢康楚仁波切在《佛教百科全書》中所解釋的，眞實嘿魯嘎的禪修法門源自於經典：

> 南開寧波旅行至印度，從呼卡拉大師那裡領受了整套眞實嘿魯嘎的修持法門。他的色身轉變成爲無二智慧的展現。源自於他的索派傳承眞實嘿魯嘎的教授，一直延續至今。（《佛教百科全書》，卷 1，頁 514）

蔣貢康楚仁波切指出，這兩個修行法門都和舊譯傳承經典之原始集結者德達林巴有關。由於閉關期間所使用的許多法本都源自於德達林巴及其家庭成員，因此這裡收納蔣貢康楚仁波切在《甚深伏藏暨德童史》中對德達林巴所做的讚揚，似乎是合宜的：

> 德達林巴及其〔周圍之〕殊勝眷眾，擔負了宏揚興盛教法的修持、闡釋及證悟事業的重責大任。從他們身

處的時代一直到今天，在舊譯傳承之經典或伏藏法教內的可靠教授，都源自德達林巴這一群人。這個傑出的聖者不僅僅把巨大的恩慈，經由他個人或他的傳承推及舊譯傳承和新譯傳承的整個教法，更透過自身的努力，以及鼓勵他人的方式，滋養了覺囊、香巴噶舉、斷境、能寂和其他傳承。尤其，當舊譯傳承的修行和論著傳承即將消失如冬季的涓涓細流時，德達林巴充滿勇氣地努力搜尋〔時存的教法〕，針對中圍壇城修法及其他主題撰寫新穎的論著……。他透過自己的博學多聞、修行和證悟事業，來修補無上舊譯傳承法教的基礎。

他集結的佛教論著多達十三卷。我個人對於此一事業具有絕對的信心，而且不曾遺忘他的恩慈。我已經努力搜尋並領受敏珠林傳承的完整口傳，儘可能地修持新伏藏的念修和傳授。〔在閉關中心〕展開索傳承的真實嘿魯嘎的定期修持，以及源自德達林巴伏藏的金剛薩埵及其他修持法門，我已經為這個傳統的法教盡了棉薄之力。我發願在有生之年，繼續此一事業。（《甚深伏藏暨德童史》，頁73b-74a）

這個閉關階段的第三種修持法門是大圓滿秘密心要的禪修；此一修法結合了無垢友尊者的子母心髓教授（或稱為「毘

瑪心髓」的子母教授）。「母法」源自無垢友尊者在西藏所傳
的教法；「子法」則是龍欽巴在他的心意中所發掘的伏藏，被
稱爲《上師內深心髓》。蔣貢康楚仁波切在《佛教百科全書》
中描述了此一教法的起源：

　　五百位學者之頂嚴、證得無死虹光身的無垢友尊
者〔也〕來到西藏，把大圓滿之類的教授傳給擁有授記
的揚賓丹津桑波。〔一旦他修持了這些教授，〕揚賓丹
津桑波的〔色身〕融入化光……〔教法的〕口傳從揚賓
丹津桑波傳遞至貝羅卓旺秋，書寫成文字的教授被集結
起來，並且〔隱藏〕起來做爲伏藏，後來由丹瑪龍賈取
出。丹瑪龍賈這位上師也領受了口傳，並把所有的教授
傳給傑尊桑傑旺秋；後來，傑尊桑傑旺秋獲得解脫，證
得明光身。這些教授後來成爲知名的「毘瑪心髓」，並
從傑尊桑傑旺秋傳至香敦法王及許多上師。

　　〔最後這些教授傳至〕遍知者吉美宇色（即龍欽
巴）。而普賢如來浩瀚之證悟智慧傾注於吉美宇色的
心意中，激發他創作了《上師內深心髓》、《甚深心
髓》、《空行母內深心髓》、《七寶藏論》、《自解脫》
的本續和論著，以及其他著作。〔這位上師的教授〕孕
育了許多維繫此一傳承的傑出弟子。簡言之，把五蘊聚

合而成的堅實色身轉化成爲明光身的秘密心要，備受吉
美宇色的影響，並由他傳佈出去。他也是著名的龍欽舟
江桑波，名副其實的嘉拉多傑第二〔大圓滿傳承的第一
個成員〕。（《佛教百科全書》，卷 1，頁 512）

這個傳承也衍生出其他三個大圓滿的伏藏教法：噶瑪巴心
髓——在一個淨觀中，無垢友尊者示現並融入第三世噶瑪巴讓
炯多傑的前額後，由讓炯多傑取出的伏藏；龍欽心髓，在獲得
三次龍欽巴示現的淨觀後，由吉美林巴（1729-1798）所取出
的伏藏；甚深毘瑪心髓，由蔣揚欽哲旺波在二十四歲時所回想
出來的一系列教授。在一次淨觀中見到傑尊桑傑旺秋，是促使
蔣揚欽哲旺波憶起這一系列教法的因緣。

大寶伏藏

蔣貢康楚仁波切一生所撰寫或集結的五藏之一，是一部
名爲《大寶伏藏》的伏藏法典。《大寶伏藏》的現代版本多達
六十大卷，對於上師和弟子而言，授予這些教法的灌頂和口傳
是一個令人卻步的工作。最近幾年，敦珠法王和頂果欽哲仁波
切曾經在幾個場合中，對眾人傳授這部伏藏法典。

在噶瑪巴口耳傳承中，蔣貢康楚仁波切把《大寶伏藏》的

教法傳授給第十五世噶瑪巴，再由第十五世噶瑪巴傳授給他的
子嗣欽哲宇色——蔣貢康楚仁波切的一個轉世。雖然第十六世
噶瑪巴曾經領受了《大寶伏藏》的教授，但是在他有生之年，
並沒有把這個教授傳遞給他的傳承的新一代轉世上師，他建議
他們去請求蔣貢康楚仁波切的另一個轉世——卡盧仁波切，授
予《大寶伏藏》的灌頂和口傳。應眾人之請，一九八三年，卡
盧仁波切在一個以噶瑪巴口耳傳承之轉世上師為首的大規模聚
會中，傳授了《大寶伏藏》的教授。

　　在《佛教百科全書》中，蔣貢康楚仁波切針對伏藏修持的
未來做了以下的評論：

　　　　在這個末法時代，這些〔伏藏〕教授的法嗣以及他
　　們的弟子，將維繫他們的傳承和教授。即使是在佛法戒
　　律和經典蕩然無存的地方，密咒金剛乘之法也絲毫不會
　　消退；相反的，將繁榮興盛，為一切有情眾生，甚至不
　　願意修行的有情眾生深遠的證悟事業，提供源源不絕的
　　動力。（《佛教百科全書》，卷 1，頁 516）

舊譯傳承禪修的閉關課程

　　閉關第三年之初，閉關行者必須被授予灌頂、口傳和教

授，以修持金剛薩埵心法和索派眞實嘿魯嘎九種半圓中圍修
法。〔繼此之後的修持中，〕閉關行者必須持誦六十萬遍金剛
薩埵六字心咒、十萬遍金剛薩埵百字明咒，以及八十萬遍眞實
嘿魯嘎「汝魯」咒。金剛薩埵心法和索派眞實嘿魯嘎九種半圓
中圍修法，應該在一大座的修法期間內完成，爲期七個整天和
一個早晨，其中包括持續念誦眞言咒語。如果這兩個修法沒有
圓滿，那麼閉關行者應該爲每一個修法修持爲期三天的本尊中
圍供養。爲了圓滿修法，閉關行者也應該爲每一個禪修法門各
做兩天的煙供和火供，以達到清淨的效果。所有金剛薩埵寂靜
忿怒尊 ⑫ 的念修次第，應該在三個月內完成。

接著，閉關行者被授予「上師內深心髓」大圓滿如意寶深
密灌頂。〔此修法的〕詳細觀想細節從前行法開始，並且按照
吉美宇色〔龍欽巴〕的口頭教授來依次第授予。

〔首先，思量和觀修七個修心之法，〕並且必須在二十七
天內圓滿。剛開始，各用三天時間思惟無常、眼前的和長期的
安樂、生命的不可預測、過去行爲的了無意義、佛陀的功德品
質，以及上師的甚深教授。另外，各用三天時間觀修七個修心
之法的最後一個修法——不掉舉散漫的三個面向：〔清淨存在

---

⑫密續本尊根據他們所代表的證悟智慧，被歸類為不同的「部」。金剛薩埵和真實嘿
　魯嘎都屬於金剛部的本尊；前者是寂靜尊，後者是忿怒尊。

的〕大樂、明晰和不掉舉散漫。然後，各用七天時間修持積聚福慧資糧和清淨業障的共同〔法門〕——皈依、〔持誦〕金剛薩埵百字明咒、獻曼達，以及上師相應，總共二十八天。〔在此期間，〕一座修法的前半座應該用來從事一般的（共的）持誦和禪修，後半座則用來從事特殊的（不共的）持誦和禪修，如此一來，可以一起從事共與不共的修持。

繼此之後，閉關行者要學習「離貪之風息」⑬：各用三天時間來〔觀修〕其顏色、形狀、數量、吐納和藍色寶瓶〔呼吸〕⑭，包括用五天時間學習「離貪明點」⑮，〔這個時期用來觀修這些法門的時間〕是二十天。之後，各用三天時間觀修各與五大元素〔相關的〕五種「無本生阿字」，總共十五天。從

---

⑬在西方，風息（energy wind, *rlung*）最為人所知的，即是中國字裡面的「氣」，如太極所講的氣。一般而言，一個人的身心狀態取決於體內無數的風息循環，這些風息循環若失衡或阻滯會導致身心的疾病，良好的循環則會帶來身體的健康和心理的愉快安適。大多數關於風息的密續禪修，目的不在於治療，而是在強化和調節心的能量。

⑭寶瓶氣（vase breathing, *bum pa can*，或譯寶瓶、瓶氣）是一種閉氣持息的方法。「藍色寶瓶」（blue vase breathing, *bum pa can sngon*）是原文的直譯：我懷疑這是錯誤的，因為在蔣貢康楚仁波切針對這個修行法門所著的長篇論釋中，我沒有找到此法的出處。

⑮明點（vital essence, *thig le*）：如這個名詞所暗示的，是代表身心存在的核心物質，有時候被翻譯成為「點」。雖然蔣貢康楚仁波切在他的論著中把這個法門指稱為「具貪明點」（passionate vital essence, *chags can*），但是原文確實是寫為「離貪明點」（desire-free vital essence, *chags bral thig le*）。

一開始的七個修心之法，一直到這個階段，修持這些前行法需要三個月的時間。

一旦授予了灌頂，閉關行者要開始觀修「立斷」（即「斬斷執著」）的法門三個月。剛開始，閉關行者用一個月的時間修學〔該法的所有前行法〕。其中用五天來從事身的〔前行法的〕金剛坐姿。之後，各用五天時間修持語的〔前行法的〕四個階段──封印、養力、生力和入道。閉關行者也要用五天時間修持〔意的前行法〕：檢視意的活動的三個面向──它的起源〔地〕、〔它實際〕展現的〔處所〕，以及〔它〕消失〔的處所〕。

閉關行者在展開兩個月〔「立斷」〕的正行前，先從事「安住於自然狀態」的法門。這段期間，閉關行者必須被授予包括《加持甘露》等直指心性的教授。閉關行者應該精進勤勉地觀修。

然後，閉關行者要觀修三個月的「頓超」（即「直觀」）。剛開始，閉關行者用七天時間觀修輪迴和涅槃的區別，然後領受「極離戲」和「全然離戲」的灌頂。在安住在本然的狀態之中後，閉關行者應該學習與身體姿勢、凝視方式等相關的「明光」法門。一旦看見了現象清晰本質之門，即可一併授予閉關行者中下根器的教授和觀想方法。在任何適當的時機，閉關行者可以修持「遷識」的觀想。

在修持「立斷」之初，金剛上師應該解釋能夠產生瑜伽相續之流的四個本淨要訣，閉關行者則應該加以修持。在修持期間（或在任何其他方便的時候，或在修持前後），閉關行者〔應該從事〕「如意三根本」：上師、本尊和空行母的禪修和持咒。在修持「頓超」期間，閉關行者應該依照《如意甘露：明光心要》所說，盡力修持上師的外、內、密、極秘密之法，以及傑尊桑傑旺秋的「毘瑪心髓」。

在閉關期間從事的其他修法

閒暇時，閉關行者應該被授予〔以下所有法本的〕完整口傳：三卷香巴噶舉傳承教授的法本、兩卷關於護法的法本、一卷關於六支加行的法本，以及一卷關於《上師內深心髓》的法本。

第一年年末，閉關行者應該從事一個星期的「四本尊合修」的修法；同樣的，第二年尾聲，閉關行者要〔施行〕一個名叫《證悟事業寶庫》的食子儀軌；第三年年終，根據新伏藏外法的事業儀軌，持誦「速作覺醒護法」的咒語。閉關行者必須被授予第一個禪修法門「四本尊合修」的灌頂加持和教授。至於第二個禪修法門，閉關行者必須領受食子灌頂、口傳和教授，來修持「盡除諸障」、「上師護法無別」、「根除障蔽」以及「心要降澍」等法。

　　這些持誦和年終的〔六臂護法〕食子供養一起施行，每年用兩個星期時間來〔從事這些修持〕，加起來總共四十二天，這些天數必須被算入〔三年又六週閉關的〕六個星期中。

　　接近出關時間時，持誦如意輪（也就是白度母）的咒語和施行供養一個星期，是圓滿〔閉關〕之善〔法〕。這個修法和之前完成的尼古瑪和蘇卡悉地的長壽修法，都被算做陰曆三年一度的閏月修法中 ⑯。

出關

　　當三年又六週的閉關結束時，應該選擇一個黃道吉日出關。在那天早晨，閉關行者應該施行桑煙供來酬謝諸神，並從事《三分食子供養》儀軌。一旦閉關行者的名單被移除後，就可以會見那些和密續佛教有清淨因緣的人。〔出關的第一天，〕閉關行者應該只出關房，沿著閉關中心繞行。第二天，舉例來說，閉關行者應該前往主寺，在上廟和下廟獻曼達，然後造訪皈依怙主〔泰錫度仁波切〕的法昆仲。

　　閉關行者應該在不久後再次入關。〔這一次，〕閉關行者

---

⑯一年中，陰曆最多有三百六十天，為了讓陰曆能夠與陽曆相對應，藏曆每隔幾年就會加入額外的月份。舉例來說，一九八九年和一九九一年都有十三個月。

應該觀修毘盧遮那佛 ⑩ 六個月。之後，施行十天的火供來圓滿修法。接著，閉關行者應該用三個月的時間觀修不動如來，並從事煙供和澆火供來圓滿修法。〔最後，〕閉關行者應該施行源自天法伏藏 ⑰ 的無量光佛儀軌一個月。閉關行者必須懷抱信心，在閉關中心的關房完成這些修持。

---

⑩ 毘盧遮那佛（Maha Vairochana）：原意是「光明遍照一切宇宙萬物」。Maha 為「大」之意，Vairochana 代表「日」，因此又名大日如來，或譯作盧舍那、遍一切處、光明遍照，係「五方佛」（又稱五智佛、五禪定佛）之一，位居中央，象徵「五智」中的法界體性智，是理智具足、佛我合一的體現。在密教中，毘盧遮那佛為釋迦牟尼佛的法身佛，位階至崇，能放智慧之光，普照法界眾生，化解無數障逆，成就所有事業，具有不可思議的無量功德。

⑰ 天法伏藏（Sky Treasures, *gnam chos*）：源自於伏藏師明究多傑。（從十二歲和十六歲開始，）分別從淨觀和心意中取出伏藏。噶瑪恰美是他的上師之一，根據這些伏藏教法來撰寫各種修法、教授和儀軌。明究多傑只活了二十四年，但是他取出了無數的伏藏，其重要性一直不減。

背景資料

　　上述三年又六週的閉關課程所要從事的各種修法，適用於每日四座的修法中。蔣貢康楚仁波切沒有詳細提及每一座的時間長短——如現代許多閉關中心的慣常做法，每一座兩個半小時至三小時是可能的。早晨和下午的團體共修時間可能比較短，或許每一座一個半小時。

　　本章節所描述的各種修法，可以歸納入以下的類別：

　　1. 睡瑜伽或起瑜伽。蔣貢康楚仁波切提及「睡瑜伽」，但是沒有加以說明。「起瑜伽」則由五個步驟構成：清除遲滯的風息、安住於心、生起與觀修本尊無二無別的佛慢、品嚐甘露和加持語。如同每天早晨我們所從事的例行公事一般——梳洗、選擇要穿的衣物、飲食、準備一天的活動等，行者的一天也從這些修法步驟開始。所有這些修法的目的都在於提振情器二界的覺受。

　　這五個步驟的第三個步驟：生起與觀修本尊無二無別的佛慢，常常被翻譯成「金剛慢」，藏文的意義是「殊勝天慢」或「本尊佛慢」。雖然在一天之中，行者可能把自己視為許多不同的觀修本尊，但是這種完全融入本尊之身相和世界而產生的驕慢，將會持續不斷。這是蔣貢康楚仁波切鼓勵閉關行者去維

持的，即使處於睡夢中，他告訴閉關行者：「在睡夢中，你們不應該臣服於凡庸自我的習氣力量。這應該透過睡夢瑜伽的善巧方便，被轉化成為修道之路……。」

2. 一再確立誓戒。一天之中的許多場合，尤其是早晨團體共修的主要部分，閉關行者要一再確立與佛教三律儀有關的誓戒；在第二座修法之初和最後一座修法結束後，也應該持誦與這些誓戒相關的祈請文。

3. 蓮師祈請文。一天中，閉關行者應該持誦觀修蓮師所附屬的祈請文，這些祈請文主要擷取自《七願文》的祈請文集，是蓮師應五位主要弟子之請，依照他們的需求所撰寫，其中一篇祈請文是為五位弟子所撰寫，另外五篇是根據五位的個別需求所撰寫，第七篇《諸願任運如意祈請文》則是後來為五位弟子中的一位所寫。蔣貢康楚仁波切也把《盡除修道障礙祈願文》納入日課中。《盡除修道障礙祈願文》這個伏藏法本來是秋吉德千林巴在十九世紀期間所取出的，從那個時候開始，成為備受人們喜愛的祈願文。

4. 源自《秘密心要》的禪修。在蔣貢康楚仁波切的閉關中心附近，秋吉德千林巴取出了包含三個禪修法門的伏藏法典，這整個系列的修持法門被稱為《秘密心要》，由金剛薩埵、真實嘿魯嘎和金剛橛的修法所構成。這三個禪修法門是閉關行者的日課，分別在第一座、第三座修法期間，以及最後一座修法

之後完成。

5. 供養鬼神或預防有害的影響。佛教認為，我們周遭世界充滿了許多肉眼不可見的鬼神，這些鬼神通常不被說成令人恐懼的事物，而被視為一個充滿悲心的行者所要協助的眾生。蔣貢康楚仁波切要閉關行者在早晨餵養餓鬼水食子，午餐之前和之後也供養一部分的食物。下午團體共修的最後一個部分，用來從事修法、持咒和念誦祈願文，目的在預防不利於修行的鬼神所造成的傷害。第四座修法的一開始，閉關行者先向那些暫時處於中陰階段（介於死亡和投生之間的狀態）的眾生施行煙供施食法。據說這些眾生的迷惑和恐懼可以透過食物得到減緩，由於他們只能以嗅聞氣味的方式來受用食物，因此被稱為「食味者」。一天結束之際，閉關行者把自己的身體供養皈依處，並佈施給一切有情眾生。在這個修持法門的脈絡中，所謂的眾生常常包括鬼、神，以及能用供品撫慰的惡魔。

6. 供養護法。下午團體共修的主要部分是由觀修和供養佛教護法所構成，這些護法通常是菩薩，或承諾要保護所有依循佛法之人的菩薩化身。行者向他們祈請以發揮影響力，如此一來，他們的證悟事業將能預防閉關團體產生障礙。雖然度母不是護法，但是她的事業與護法相似，因此在早晨團體共修期間念誦《綠度母讚》，也被歸納入這類修法。

7. 長壽法。增益行者福樂安康的修法，稱為長壽法，在每

日的第一座修法期間施行。下午團體共修末尾念誦的《預防非
時橫死祈請文》以及蔣貢康楚長壽祈請文，也可以被視爲是長
壽修法。

　　8. 迴向功德。完成任何修法後，念誦迴向功德來利益一切
有情眾生的祈請文。蔣貢康楚仁波切特別提及，要在下午團體
共修結束之際，爲供養午餐的功德主念誦祈願文和迴向文。

　　9. 飲食瑜伽。關於食物，蔣貢康楚仁波切只提及午餐，但
是人們強烈懷疑，這個閉關中心和其他寺院的做法一樣，在早
晨念誦祈願文的時段和下午團體共修結束之際，也供應食物。
根據一部伏藏法典的教授，午餐必須被當做「薈供」般享用：

　　　　……聲稱「我是密續行者」的人，
　　　　飲用食物未〔依〕生起次第
　　　　以及圓滿次第禪修〔之法〕，
　　　　與享用食物的豬犬無異。

　　此處的重點是，如同上述大部分修法一般，閉關行者應該
把「佛慢」帶到餐桌上，一如帶到日常生活的每一個面向。

　　閉關課程明顯沒有安排任何研習的時間，蔣貢康楚仁波切
刻意要閉關行者按照他的計畫行事；而他所規畫的閉關課程，
並沒有包括任何無關的研習。如他後來在本書中所說的：

那些不熟悉佛教的人在進入閉關時，必須學習上述閉關課程的法本，尤其是解釋三律儀的典籍。除了那些少數書籍之外，任何情況下，閉關行者都不許學習、研究或審視任何與佛教大小課題相關的法本。一般而言，聞、思、修被視為修行不可或缺的部分。然而，當禪修是我們主要的焦點時，因為研讀而產生的眾多推理思惟，將成為禪修覺受的障礙。由於一座有效果的禪修，遠比窮一生之力來聞思更有價值，因此在這個閉關中心，我們應該全心全意地從事禪修。

斷境傳承

在輔助閉關正行的眾多日常修法中，蔣貢康楚仁波切提到一種，就是「把自己的身體供養給皈依處和一切有情眾生的修法」。此一修法是斷境傳承的核心，源自一個西藏的證悟女天才瑪吉拉準（1031-1129）。

瑪吉被視為一個天才兒童，很早就完成徹底的宗教教育。她從蘇南喇嘛那裡領受了斷境法中的「父派」教授，而蘇南喇嘛則是從印度瑜伽士丹帕桑傑 ① 那裡領受了斷境法。在他極為長壽的一生當中，丹帕桑傑曾五度造訪西藏，他的主要教授後來成為能寂傳承。由於丹帕桑傑是瑪吉的主要上師之一，而且

兩人之間傳承的關係微妙複雜，因此蔣貢康楚仁波切把斷境傳承和能寂傳承一起視為八大實修傳承中的一個傳承。

斷境傳承的「母法」完全出自瑪吉。如蔣貢康楚仁波切在《不分派教法源流史》中所解釋的：

> 瑪吉拉準是「大母」，也就是般若波羅密多佛母的轉世。在究竟上，她即是這個金剛后——一切佛之母；但是在凡夫俗子相的相對層次上，她透過了悟般若波羅多 ② 來示現證得成就之道。她所傳的斷境教授，源自〔她了悟的〕活力，後來成為知名的「斷境母法」。
> （《不分派教法源流史》，頁 13a-13b）

「斷境」這個辭彙，純粹是為了避免這個教授傳承名稱太長的一個權宜之計：斷除〔我執之〕魔境。甚至連瑪吉也覺察到這個名稱容易被誤解，因此她提醒弟子，惡魔不是某種陰森

---

①丹帕桑傑（Dampa Sang-gyay）常常被稱為帕當巴桑傑（Pa-dampa Sang-gyay）。藏文中，「帕」意指「父親」，把這個字加入他的名字，乃是因為瑪吉的孩子稱呼他為父親。而他們的父親，托帕巴達也是一個膚色黝黑的印度瑜伽士。丹帕桑傑也被稱為「達摩菩提」，這個名稱是在他和密勒日巴會面後才為人所知。參見《密勒日巴十萬道歌》卷二，三十三章。

②般若（appreciative discernment, prajna, *shes rab*），是大乘佛教的一個重要名詞，常常被翻譯成「智慧」、「覺察」和「明辨的覺察」。

地出現在夜晚、巨大黑暗、具有威脅性的事物。她解釋，真正折磨我們的惡魔，是我們的自我中心，使我們身陷在輪迴的束縛中。如蔣貢康楚仁波切在《佛教百科全書》中所說的：

> 正如同一個伐木的人必須知道樹根的所在地一般，斷除我執妄念之惡魔的處所，即是般若波羅密多〔的根基〕。（《佛教百科全書》，卷一，頁543）

瑪吉除了是一個無與倫比的禪修大師之外，也是一個母親和詩人。她的許多兒女延續了她的禪修傳統，數個世紀以來，他們以及瑪吉的許多法嗣，創造出美麗的詩歌來追尋她的典範。瑪吉和她的子女都不是制度的創建者，然而蔣貢康楚仁波切指出：

> 斷境傳承甚深法門的證悟事業一直是驚人的：已經深入整個喜馬拉雅地區，既遠又廣。〔從它的起始〕一直到今天，斷境法已經成為〔這個地區〕每一個不分派之導師的個人修持。（《佛教百科全書》，卷1，頁546）

大部分西藏藝術家所偏愛的典型風格中，瑪吉是一個令人

耳目一新、活潑生動的人物。在斷境法中，她是被觀想的對象；在觀想所需的繪畫中，她被描繪的身相是赤身裸舞的，這給我們的感覺不只是性感：她的示現傳達了自在覺醒的女性安樂、光明的洞見，以及無拘無束的喜悅。她也是一個善巧的老師：根據她口頭回答弟子問題的紀錄，顯示她是一個從容自若、口才便給的講者，言詞溫潤寬厚。

那些修持瑪吉的斷境法的人，持續受到其影響力的滋養，受到她轉世的激勵鼓舞。所有瑪吉的修法傳承中，蔣貢康楚仁波切認爲以蘇芒寺創巴仁波切的轉世最爲優秀。如他在《斷境法簡軌》中所指出的：

> 斷境法名聞各個新舊密續學派；它不同的修法傳承，不勝枚舉。然而我認爲，蘇芒傳承的斷境教授系出〔瑪吉〕。由於其甚深教授之流未曾退減　教授的加持從未中斷，因此勝過所有其他的〔斷境法教授〕。(《斷境法簡軌》，頁 1b-2a)

必須如實修持的日中四座瑜伽次第

前行法、香巴噶舉傳承的修法、六支加行和大圓滿等四個〔閉關次第的〕每一個次第，每日的四座瑜伽決定了座上禪

修的覺受，以及座下禪修的心識狀態（也就是動中修行的四個
情境期間——清醒、睡夢、深眠和性行爲，所保持的基本專
注）。每一個修持法門的教授法本，提供了〔這些時期內必須
從事之修法的特殊細節〕。〔然而，有兩個重點〕構成了〔此
處所有修行法門〕的共同基礎。第一點，我們都應該視自己爲
無上密咒的瑜伽士。第二點，一般而言，所有的西藏人，尤其
是那些口耳傳承和舊譯傳承的追隨者，都把今生和來世最深的
信心寄予第二佛，在此黑暗時代，一切有情眾生的唯一皈依，
來自鳥迪亞納的偉大上師〔蓮師〕。

第一座修法

　　早晨，〔閉關行者〕應該以相應於〔閉關次第的〕生起
次第禪修或圓滿次第禪修的「起瑜伽」爲修法之始。〔一開
始，〕閉關行者要清除遲滯的風息三次。採取一個挺直的姿
勢，儘可能地安住在心的本然狀態中，沒有任何妄念。一旦閉
關行者〔生起〕與觀修本尊〔無二無別的〕佛慢，品嚐甘露：
如果閉關行者擁有甘露丸、法藥或其他〔加持物〕，可以於此
吞食。如果沒有這些加持物，閉關行者可以在身邊放置一個顱
器，內盛由這法物發酵而成的物質，然後廣泛或簡略地修法，
重新予以加持。如果閉關行者不如此從事，那麼可以重複持誦

「嗡阿吽火」三次，想像〔顱器中的內容物〕和誓句甘露與智慧甘露③無二無別，然後用左手無名指的指尖來嚐食甘露。

　　繼此之後，閉關行者用兩種方法之中的一種來加持語。如果閉關行者知道並且樂意從事此一觀修，根據「上師密意總集」的教授來培養持咒的力量。閉關行者也可以念誦梵文字母的子音和母音三遍或三遍以上，並和噶旺卻吉旺秋④所撰寫的修法合修。

　　之後，閉關行者念誦敏林德千所寫的觀想說明，並且同時修習《七願文》⑤。閉關行者高聲朗誦源自這個文集的兩篇祈願文：《上師三身祈願文》和《耶喜措嘉祈願文》。當閉關行者念到第二篇祈願文的「出生上師蓮花生」這一行時，同時搖動鈴和鼓。結束後，閉關行者想像自己領受了灌頂，所觀想的身相化光融入自身。在念誦這個文集的祈願文前，每當生起觀想架構時，閉關行者就要重複最後這幾個步驟。閉關一開始，

---

③加持這種供養時，由行者透過觀想所成的甘露，稱為「誓句甘露」(nectar of commitment, *dam tshig*)；由佛陀加持所成的甘露，稱為「智慧甘露」(nectar of wisdom, *ye shes*)。

④我一直無法找到這個作者所寫的修持法門，因此強烈懷疑這是一個印刷的錯誤。在另一個法本中，蔣貢康楚仁波切收納了一個簡短的、這類的修法，是由瓊波那久所寫。

⑤蔣貢康楚仁波切所指的觀想架構，似乎是後文的這本，由敏林德千之子所寫的《加持甘霖》提及的觀想。這本書的主題是上師相應的修法，特別提供了觀想蓮師之法，並且建議在觀修的同時念誦《七願文》。

閉關行者必須根據佛子貝瑪局美嘉措〔為此法〕所寫的《加持甘露》，被授予此法的口傳和教授。這些教授的傳承是完整而不間斷的，而這個觀想架構則代表了敏林德千所取出的第一個伏藏「持明心要」證悟心意之精髓。

　　繼此之後，閉關行者迅速地進行如意輪白度母的修法和持咒。當閉關行者的夢境受到侵擾或有其他需要時，可以持誦咒語，並從事護輪修法 ⑥。

　　一旦〔所有這些修法〕圓滿之後，閉關行者開始從事那個特定閉關次第的首要善法修持，也就是大圓滿前行法、在生起次第禪修期間觀想自己是本尊、在圓滿次第禪修期間修持拙火瑜伽，或其他修法。

　　第一座修法結束、黎明將至之時，閉關行者要觀想「秘密心要」的金剛薩埵單運瑜伽，並持誦百字明咒二十一次，「薩埵」真言一百零八遍。事先準備一個寶瓶，隨自己的意願念誦寶瓶觀想的咒語，然後想像自己領受了灌頂。閉關行者也可以從事長壽修法和持誦長壽修法的咒語。

　　破曉之際，閉關行者可以從事中軌或簡軌的水食子供養。如果閉關行者輕率地從事此一修持，如在前一天晚上準備供品

---

⑥觀想護輪（the visualization of a protective enclosure, *srung 'khor*）用來避免障礙和負面的影響力，在密續修法中是一個常見的要素。

或任由供品髒污等，那麼這個儀軌將弊多於利。因此，閉關行者應該認眞學習觀想的次第，然後小心翼翼地遵循。

晨間團體共修

　　第一座修法結束後，閉關行者必須立刻前往大吉祥殿集合。剛開始，閉關行者要念誦《蓮師七句祈請文》、〔源自《七願文》之〕《南開寧波祈願文》和《二十一度母讚》，接著從事《自在解脫階梯》末尾所解釋的簡略修法。〔此一修法簡軌〕包括積聚福慧資糧的要點：〔閉關行者念誦〕「憶念上師和世尊」時，要保持無謬眞實之正見；發露懺悔在日間〔修法時所犯下的〕一切過失，並且持誦《三蘊經》以及起始句爲「上師金剛持」的祈願文；〔持誦〕清淨業障、誓願發菩提心和修持密咒的〔祈願文〕。

第二座修法

　　晨間第二座修法一開始，閉關行者要念誦《二十五誓戒》，並把〔祈願文最後一句的〕內容改爲承諾不犯下〔不善業〕。〔閉關行者持誦時，〕應該專注於字句的意義，然後根據閉關的次第開始修持善法正行。

午休

中午〔用膳〕前，閉關行者念誦《憶念三寶經》。〔在開始用膳前，〕從仍然潔淨的食物中取一部分來供養〔佛陀等〕，然後再製作一個「食團」⑦佈施給鬼子母。閉關行者依據飲食瑜伽之法來享用午餐──根據〔《供養自身薈供》〕的指示，把午餐當做一個「內薈供」來食用。《供養自身薈供》是一個法本，結合了源自「解脫心要」的伏藏教法，以及遍知者吉美宇色〔龍欽巴〕的著述。用餐完畢時，閉關行者把剩菜殘羹製作成一個「章布」供養〔鬼神〕。接著，閉關行者覆誦清淨〔所受之〕供食的咒語，並念誦〔佛〕經來迴向〔供養的〕功德。〔最後，〕閉關行者念誦兩篇祈願文：《諸願任運如意祈請文》和《盡除修道障礙祈願文》。

〔午休期間，〕閉關行者可以〔大聲〕朗誦甚深的經典和密續，例如《聖妙吉祥眞實名經》或《般若波羅密多心經》。在念修咒語⑧期間，閉關行者應該持續低聲地持誦咒語，並且不列入持咒的總數中。

---

⑦食團（chong-bu, *changs bu*）：把一部分食物放在手中擠壓成一團，供養給鬼神。

⑧此處，蔣貢康楚仁波切用「念修」（intensive practice, *bsnyen sgrubs*）這個辭彙來指觀想本尊期間的持咒。

第三座修法

　　下午修法的一開始，閉關行者應該迅速地從事觀修、持咒、供養食子、領受「秘密心要」的真實嘿魯嘎灌頂，然後即可開始〔那個閉關階段的〕正行。

下午團體共修

　　一旦〔第三座〕修法結束後，閉關行者必須隨著鼓聲，聚集於「寒林」⑨護法廟。護法儀軌始於念誦簡短版本的《蓮師七句祈請文》，以及以「大樂、甚深與明晰」、「本然之清淨」和「三世一切勝者」為起始的祈願文。然後，閉關行者想像自己的身體是香巴噶舉傳承五密續本尊的中圍壇城，每一個主要本尊的咒語念誦一百零八遍，其他每一個本尊的咒語則念誦五十遍。在〔觀修的本尊〕收攝又再度生起後，閉關行者要供養一個食子，然後，施行「速作覺醒護法」和《證悟事業寶庫》的食子〔供養〕儀軌。以偈頌形式撰寫而成的生起次第禪修儀軌，被加入在該儀軌中。與「上師護法無別」、「盡除

---

⑨蔣貢康楚仁波切把護法廟稱為「寒林」（Cool Grove, *bsil ba'i tshal*），據說位於印度屍陀林墓場後面，是六臂護法的住所。

〔違逆〕誓言的黑暗」、「駕馭空行母」〔等法門有關的〕修法和持咒，都一併施行，並且供養食子。在從事「盡除〔違逆〕誓言的黑暗」的修法期間，閉關行者念誦金剛薩埵百字明咒二十一遍。所有其他咒語，每一種至少必須念誦一百零八遍。

接著，閉關行者從事佛父佛母雙運之「金剛黑袍」的修法。「金剛黑袍」是由第十四世〔噶瑪巴德秋多傑所寫，記載於《護法日課簡軌》中〕。〔這個修法〕包括持誦一百零八遍咒語、反覆持誦〔主要本尊〕、五位眷屬，以及其他本尊的食子供養咒語。繼此之後，閉關行者施行敏林傳承的《具誓護法食子共同供養儀軌》。策勵密咒女護法、屍陀林瑪摩之證悟事業的酬補供養儀軌，也應該加入其中。

一旦完成這些食子供養，閉關行者應該修持以下的簡短修法和持誦咒語，以避免佛法修行之所有一般的與特殊的障礙：《般若波羅密多心經》來避免惡魔，獅面〔空行母〕來做為多一層的防護，以及金剛手菩薩之忿怒尊。所有這些修法和持咒都要伴隨著擊掌。閉關行者應該念誦預防「誓句鬼」⑩〔干擾的〕伏藏法典《熾焰輪》及其咒語七遍。一旦閉關行者念誦了《預防非時橫死祈請文》⑪後，由蔣揚欽哲旺波為蔣貢喇嘛貝瑪噶旺⑫所寫的長壽祈請文（以「三界之導引」為起始句），

---

⑩誓句鬼（damsi, *dam sri*）：違背密續誓言之人轉世而成的惡鬼。

必須每日念誦，不可中斷。〔整個儀軌〕是以所有傳承的迴向文做結。

第四座修法

傍晚的這一座修法始於一個簡短的火供，〔供養介於死亡和投生之間中陰階段的眾生〕，以及〔源自《七願文》之〕《多傑敦珠祈請文》。〔念誦祈請文的同時，〕閉關行者想像觀想架構，領受了灌頂，〔觀想〕收攝融入己身，接著，開始從事這個閉關階段的正行。

最後一座修法後

黃昏最後一座修法結束後，閉關行者要從事《秘密心要》的金剛橛修法和持咒。如果閉關行者供養食子，要〔觀修〕自己領受了灌頂。若閉關行者特別忙碌時，省略〔此一修法的〕

---

⑪由於這個法本緊接在《大寶伏藏》的《熾焰輪》被提及之後，因此我認為此即蔣貢康楚仁波切所指的祈願文。另一個在許多祈願文最後念誦的「避免非時橫死」之祈願文，則被包括在八蚌寺版《噶瑪巴口耳傳承常見的祈願文》，頁100b，作者姓名並沒有被提及。

⑫蔣貢喇嘛貝瑪噶旺即是蔣貢康楚仁波切。

三灌頂是可行的，但是在任何情況下都不能略過主要的修法和持咒。

接著，閉關行者以觀想架構爲起始，念誦〔源自《七願文》之〕《國王祈請文》和《木崔策波祈請文》。閉關行者想像自己領受了灌頂，〔觀想〕收攝融入己身，然後，從事把自己的身體供養給〔皈依處和一切眾生的〕簡軌。

〔這些修法結束〕之前或之後，只要時機方便，閉關行者就應該念誦《二十五誓句》，並把最後一句內容改爲承認自己所犯下的過失。這個時候，閉關行者應該念誦《三蘊經》，以及其他〔承認過失的〕祈願文。念誦這些祈願文時，除非當日的正行是六支加行中的「別攝」或「靜慮」或大圓滿之「明光」，否則閉關行者應該儘可能做大禮拜。

一般而言，閉關行者睡眠期間不應該臣服於凡俗自我習氣的力量。閉關行者應該透過睡夢瑜伽的技巧，把這種習氣的力量轉化成修道資糧，例如睡眠時，從事無量光〔佛之淨土的〕遷識，以及觀修六法、大手印和大圓滿時〔所將一併學習到的技巧〕。

清晨，閉關行者從「起瑜伽」等修法再度開始日課。閉關行者的修行應該穩定精進，必須避免侷促或昏沉。

閉關行者從觀修拙火瑜伽那個時候開始，一直到閉關結束，應該定期交替從事那洛巴和尼古瑪的功法。〔當閉關行者

空閒的時間被用來施行〕紀念供養法會和特別的儀軌，或者
〔當正行是〕「明光」、「別攝」、「靜慮」或「頓超」期間，
〔不必從事這些功法〕。

六支加行功法的數量太過繁多，而這個閉關的時期又太
短，以至於無法好好學習這些功法，閉關行者應該在此時就接
受這個事實。

背景資料

　　接下來的兩個章節，列舉了每個月或每一年所要修持的儀軌，這些清單和儀軌的解釋說明，顯示了蔣貢康楚仁波切個人的興趣與關注。在蔣貢康楚仁波切的閉關中心，時間是寶貴的，因此他所選擇的每個修持法門，顯示出他的強烈感受：這種修持或儀軌是不可或缺的。至於儀軌的細節，我們在此所閱讀到的只是許多密續心靈交響曲的簡譜。每個月大部分的時間，閉關行者都獨自從事修法，而這些儀軌則為他們提供了一個共同修法的機會。如同一群專注而技藝嫻熟的音樂家共同演奏一篇樂曲一般，合奏的效果常常遠勝於各自獨奏的總合。

　　一般而言，有成效的修法，尤其是有成效的儀軌，對於環境兼具短期和長期的利益。密續佛教認為，我們的念頭，無論是正面或負面，無論有多麼隱私或未加表達，都會對環境造成影響。從事一個密續儀軌期間所生起的念頭，被認為具有非常強烈的影響。儀軌起源自覺醒或證悟之人的靈感，這些人提供了一個架構，能夠把心靈提升至圓滿覺醒的層次。行者進入密續的世界，浸淫在覺醒的身、語、意覺受和本尊的示現中。參與任何這些儀軌的人，沒有一個人會認為此儀軌僅僅是為了個人的利益而施行，也不會想像儀軌所產生的效果會侷限在閉關

中心的圍牆之內。

除了每月初十所要修持的儀軌外，大多數儀軌的主要修法名目將詳列於下。每月初十的修持儀軌是以蓮師為修法主尊。「上師密意總集」、「秘密總集」和「三寶總集」等修持法門，都是觀修不同身相之蓮師的伏藏教法。蓮師是成功使密續佛教修持法門在西藏落地生根的印度大師。

每年有許多特殊的活動是紀念過去偉大上師的節日，皆根據陰曆在他們圓寂之日舉行。這些上師中，蔣貢康楚仁波切的主要上師貝瑪寧傑旺波（第九世泰錫度仁波切）雖然是在陰曆五月初七圓寂，但是每月初七都會加以追念。第十三世噶瑪巴督杜多傑，是貝瑪寧傑旺波的主要上師之一。最偉大的泰錫度仁波切之一的第八世泰錫度仁波切卻吉炯涅，也同時被紀念。在卻吉炯涅顯著的生平中，他創建了八蚌寺；然而對蔣貢康楚仁波切而言，卻吉炯涅重要之處在於他是眾多密續禪修傳承的大師。

西藏口耳傳承的創始者——瑪爾巴、密勒日巴和岡波巴，以及香巴噶舉傳承的創始者瓊波那久、舊譯傳承敏珠林寺的創建者烏金德達林巴，其著作深受蔣貢康楚仁波切仰慕而見賢思齊，分別在他們的紀念日予以追憶。其餘四位被紀念尊崇的人物——塔拉納達、讓炯多傑、多波桑傑和龍欽巴，連同卻吉炯涅，對於蔣貢康楚仁波切後期的著作具有最重大的影響力。所有這些上師中，塔拉納達的紀念日特別受到矚目：連續施行三天的紀念儀軌。

　　在年度的特殊法會中，第一個法會和最後一個法會需要一些解釋說明。密勒日巴紀念日是以身披棉袍而聞名；這是蔣貢康楚仁波切在第一次閉關的第二年（一八六二年）所鼓吹的修法。一整個冬夜，閉關行者僅身披一條棉布，以及每日練習那洛巴和尼古瑪功法時所穿的短服，一邊修持拙火，一邊唱誦口耳傳承上師的證道歌。

　　每年最後一個儀軌是為期一週的六臂護法供養。如同在「進入閉關」這個章節所提及的，這個儀軌的要求極高，每年需從八蚌寺指派八個人來參與。這個儀軌的正確程序，需要高聲且不間斷地念誦一個特定咒語，一天二十四小時，從修法一開始到結束，在這個情況下是指一個星期。閉關行者將實際修持儀軌，而來自八蚌寺的八位成員則分擔持續念誦咒語的責任。一旦儀軌圓滿後，這八位來自八蚌寺的成員會立即離開閉關中心。

　　以下章節的藏文原著，分別解釋了儀軌、修法和所需念誦的祈請文。以下是把兩段文字合而為一，所以並無遺漏。

每月之紀念供養儀軌和特別的儀軌

每月初七

　　〔陰曆〕每月初七是紀念供養我們的上師世尊金剛持〔的

轉世〕貝瑪寧傑旺波的日子。這一天，閉關行者要修持結合了經典和密續教法之敏林傳承的吉祥金剛薩埵供養修法。尤其在陰曆五月初七，閉關行者必須〔念誦描述他的〕自在解脫生平的長篇祈請文，以及施行大量供養。

〔金剛薩埵的儀軌〕以念誦卻旺傳承的《蓮師七句祈請文》、《敏林德千自在解脫生平》祈請文，以及開頭是「持行蓮師之教授」的〔貝瑪寧傑旺波〕祈請文爲起始。儀軌的〔正行〕是從金剛薩埵修法傳承的祈請文開始，包括觀想自己是本尊（自生本尊）、觀想自己面前有一個本尊（對生本尊）、觀想本尊在寶瓶中（瓶生本尊）、酬補供養、自入灌頂、薈供，以及《三分食子供養》的修法。修持這個儀軌期間，護法食子供養是沒有必要的，因爲每天傍晚在護法寺都會施行護法食子供養。最後，閉關行者以念誦《普賢行願文》和《慈氏菩薩願文》做爲結行。

每月初八

〔每月〕初八這一天，閉關行者〔必須從事〕瑜伽女度母的供養儀軌。這個供養儀軌有兩個傳承：一個源自阿底峽尊者的傳承；在這個儀軌中，象徵性的宇宙曼達要供養四次。另一個〔類似的儀軌〕則源自新伏藏。這兩個供養儀軌每月輪替修持。

〔度母的〕儀軌從《十六尊者皈依供養文》，以及以「諸佛慈悲之轉世」爲開頭的〔貝瑪寧傑旺波〕上師祈請文開始。整個供養儀軌結束後，閉關行者念誦一篇源自《入菩薩行論》的祈請文。

每月初十

〔每月〕初十，閉關行者〔根據〕「上師密意總集」事業儀軌《妙美華鬘》之法，透過薈供來從事酬補供養。這個儀軌必須包括護法食子供養。在交替的月份，閉關行者於此儀軌後，要修持無垢友尊者之薈供，或讀誦源自新伏藏心法的《蓮花密續心要》①。〔尤其陰曆四月初十，業行之果〕會倍增十萬倍②，並且在從事三寶總集儀軌期間，要施行一百次的薈供。陰曆五月初十，閉關行者要從事（由伏藏師卻旺取出的）「秘密總集」之薈供，以及《三根本酬補供養儀軌》。

〔上師總集密意之〕儀軌從德千林巴傳承的《蓮師七句祈請文》開始，接著是以「三世諸佛」爲起始的傳承祈請文。儀

---

①《蓮花密續心要》連同新伏藏心法「盡除一切障礙」（Dispelling All Obstacles, *bla ma'i thugs sgrub bar chad kun sel*）由秋吉德千林巴取出。

②對於喜馬拉雅山區的佛教徒而言，陰曆四月特別重要，因為他們認為佛陀出生、圓寂和成道都在這個月發生。據說在這個月份所行之業，業果會倍增十萬倍。

軌之〔正行〕應該以噶瑪恰美所寫的〔《護法食子供養之日修簡軌》〕，對護法施行食子和酬補供養來做為補充。一旦〔讀誦了〕《蓮花密續心要》，完成觀修無垢友尊者後，閉關行者要念誦以「一切所知」為開始、投生極樂淨土的祈願文。

每月十五（滿月日）

〔每月〕十五，閉關行者要施行「時輪」的供養儀軌。此儀軌是從以下祈請文開始：遍知者覺囊及其法嗣的簡略祈請文，以及首句為「諸佛之示現」、「遍知法主」、「大樂、甚深與明晰」和「諸佛慈悲之轉世」的祈請文。在加持了「內供養」 ③ 後，修法的〔正行〕包括供養儀軌和〔時輪中圍〕九尊之修持法本。一旦透過食子供養和薈供來做結行後，閉關行者要念誦由多波桑傑撰寫、首句為「南無觀自在菩薩」的「投生淨土祈願文」。

每月二十五

〔每月〕二十五，閉關行者要從事香巴噶舉傳承勝樂輪中

---

③內供養（inner offering, *nang mchod*）：以酒來象徵印度婆羅門認為最污穢的物質，即五種肉類和五種人體的分泌物。加持內供養是透過諸佛的力量，把這些物質轉化成為具足智慧潛能的甘露。

圍五本尊的供養修法，以及交替施行白空行母或紅空行母的供養儀軌。

〔勝樂輪的〕儀軌始於〔記述了〕尊貴的覺囊聖者〔塔拉納達〕之自在解脫生平的祈請文：自傳〔《淨信如意樹》〕及其增補〔《淨信之花》〕。接著是首句爲「持行蓮師教授」的貝瑪寧傑旺波祈請文、勝樂輪供養修法、自入灌頂、薈供等，皆以其廣軌來完成修法。即使供品沒有分配給〔閉關行者〕，也應該施行白空行母或紅空行母的薈供。當天儀軌結束之際，閉關行者應該念誦《大手印祈請文》。

每月二十九

每月二十九日，第一個共修儀軌是「圓滿覺醒六臂護法」。這個時候，除了主要的儀軌外，也要加入增補的儀軌。〔當天的〕第二個共修儀軌是《紅法》，附加酬補〔供養〕。第三個共修儀軌是《具誓護法食子共同供養儀軌》。〔這個儀軌〕也應該包括〔供養〕新伏藏護法「速作覺醒護法」、密咒女護法、鄔摩天后、屍陀林瑪摩和長壽女。那些必須每天重複持誦、具有保護和預防作用的〔咒語和祈請文〕，也要包括在這個儀軌中。

每月三十（新月日）

　　在新月這一天，閉關行者要從事〔以下的儀軌〕：大吉祥眞實嘿魯嘎〔中圍〕九本尊供養修法；「心部」④的《普賢事業》；以及包括讀誦《秘密心髓：幻化密續》的儀軌，在此期間要供養食子。在白晝較短的秋冬六個月，如果沒有足夠的時間來閱讀這部密續，那麼在進行〔儀軌期間，〕必須要閱讀《聖妙吉祥眞實名經》。

　　〔眞實嘿魯嘎的儀軌〕始於卻旺傳承的《蓮師七句祈請文》、名爲《敏林德千之過去生世》的祈請文、首句爲「諸佛慈悲之轉世」的祈請文，以及眞實嘿魯嘎傳承祈請文。繼這些儀軌後，閉關行者要完整而詳細地從事持咒和薈供。讀完《普賢事業》和《秘密心髓：幻化密續》之後，閉關行者要念誦源自「北伏藏」⑤的《普賢願文》。

　　除了每月二十九日的〔護法〕供養儀軌外，所有上述的儀軌分別在兩個時段完成。每月初十的儀軌〔和度母的儀軌〕在早晨施行，所有其他儀軌（供養修法）則在下午團體共修期間

---

④心部（the section on mind, *sems sde*）：阿底瑜伽三類教法的第一類。阿底瑜伽是舊譯傳承的無上密續。

⑤北伏藏（Northern Treasures, *byang gter*）：包括由仁津勾丹千和祖古桑波達帕取出的伏藏教法。

完成。

　　無一例外地，在每個月的滿月日和新月日，所有居住在閉關中心、受了具足戒的人都必須聚集在一起，穿著法衣，帶著蒲團來從事清淨和修補別解脫戒的儀軌⑥，其中包括讀誦〔佛陀的〕經典。從敲打「楗椎」⑦〔召集眾人〕開始，一直到以迴向文做為結行為止，閉關行者必須以適當且莊重的態度來從事〔清淨和修補別解脫戒的〕儀軌，不可草率輕慢。

每年的特別供養修法暨紀念供養儀軌

　　〔三律儀之〕清淨和修補誓戒的廣軌《自在解脫階梯》，應該在以下的日子內，每天修持一遍：

- 〔陰曆正月〕（神變月）⑧的初二到十五。
- （弓曜）〔四月〕初八到十五。

---

⑥法衣（the outer monastic robe, *chos gos*）和蒲團（mat, *gding*）是受了具足戒之人的必需物品。

　別解脫戒包括優婆塞戒、沙彌戒和沙彌尼戒，但是這個儀式是專門用於清淨和修補具足戒。

⑦楗椎（*ganti*）：一根敲擊用的長木板，用來召集比丘和比丘尼來參加與別解脫戒相關的法會。

⑧佛陀居住在印度北邊的舍衛國時，於陰曆正月的頭兩個星期示現神通。如今在藏曆中，這個月份被稱為「神變月」（the miracle month, *cho 'phrul lza ba*）。

• （首無敵曜）〔六月〕初一到初四。

• （馬首曜）〔九月〕十五到二十二日。

這個儀軌通常在下午團體共修的時段施行；但是如果同一天有特殊的法會，例如供養修法，那麼這個儀軌可以在早晨第一座共修之初實行。

陰曆正月的特殊修法

神變月的第十四天，閉關行者要披上棉袍施行供養，以紀念密勒日巴尊者。閉關行者應該清掃〔寺廟〕，並在佛堂上陳設供品。〔閉關行者〕應該用五甘露⑨來清淨身體內外，用〔麵粉和奶油調製而成的細〕糊來塗抹身體。所有這些準備事宜，應該依照正確的程序來執行。

那個傍晚，已經在護法廟供養食子後，閉關行者應該立即前往主寺集合。閉關行者念誦精簡版的《噶瑪巴口耳傳承常見之祈願文》做為前行法，其中包括一篇名叫《慈心》的祈請文；讚頌釋迦牟尼的祈請文；發起兩種菩提心的祈請文；《十六尊者皈依供養文》；〔讚頌〕瑪爾巴、密勒日巴、岡波

---

⑨在此，五甘露（the five mectars, *bdud rtsi lnga*）是指加持過的酒。清淨身體內部是指飲用少量的酒。

巴、〔夏瑪巴、嘉察和噶瑪巴等〕歷代紅冠、黑冠上師以及泰錫度仁波切的〔祈願文〕。

接著，閉關行者觀修密勒日巴尊者，從事《智慧顯耀》的修法，其中包括薈供。〔在從事這個儀軌期間，〕閉關行者儘可能地念誦遙喚密勒日巴尊者的祈請文，並且持誦他的咒語。一旦念誦了〔六法的〕前行修法，並完成了寶瓶氣的修法後，閉關行者要持續拙火瑜伽的修法。在披上棉袍後，閉關行者念誦〔噶瑪巴〕口耳傳承的道歌集《智慧之雨》。黎明時，閉關行者從事整套〔那洛巴〕功法。

每月十五〔那一天〕是瑪爾巴尊者的紀念日。在早晨的兩次共修期間，閉關行者要從事清淨和修補三律儀的廣軌，以及《金剛喜密續》的供養儀軌。在下午的共修期間，閉關行者從事瑪爾巴尊者外、內、秘密的修法，連同自入灌頂⑩和薈供。

每月第二十五天是〔第十三世噶瑪巴〕督杜多傑的紀念日。閉關行者在〔每月固定的〕供養修法期間，念誦讚頌〔這位上師的〕祈願文和祈請文。

---

⑩自入灌頂（self-empowerment, *bdag 'jug*）：字面上的意義是「自行進入」本尊之中圍壇城，是許多供養儀軌常見的一部分。

陰曆二月的特殊修法

　　後赤曜月的第二天是烏金德達林巴的紀念日。那個時候，閉關行者透過「持明心要」傳承的薈供來從事酬補供養，以及《秘密心髓：幻化密續》的供養〔儀軌〕。

　　每月二十五日從事〔勝樂輪供養儀軌〕期間，閉關行者應該對〔第八世泰錫度仁波切〕、遍知者卻吉炯涅施行紀念供養。閉關行者〔應該念誦〕讚揚這位上師的祈願文和祈請文，並在圓滿了〔當天〕勝樂輪的修法後，應該連同薈供一起從事閱讀《勝樂輪密續》的儀軌。

　　每月二十八日是偉大的覺囊聖者〔塔拉納達〕的紀念日。〔為了表示慶祝，〕閉關行者應該從二十六日起，連續三天從事香巴噶舉傳承五密續本尊的修法和供養儀軌。

陰曆三月

　　明曜月的滿月日這一天，閉關行者應該從事《吉祥時輪密續》的供養，其中包括讀誦該密續和薈供的儀軌。

陰曆四月

弓曜月的初一，閉關行者應該完整且如法地從事《嘎爾廣大桑煙供》和源自新伏藏的〔桑煙供養儀軌〕，或其他適當的供養儀軌，做為呈獻諸神的食物供養。

陰曆六月

陰曆六月的十四和十五日兩天，分別是遍知者〔第三世噶瑪巴〕讓炯多傑和來自達波、無與倫比的〔醫師岡波巴〕的紀念日。然而，〔每個月固定舉行的〕供養〔儀軌〕已經安排在初十四這一天。〔為了慶祝這兩個紀念日，〕閉關行者應該在初十四這一天念誦〔噶瑪巴〕口耳傳承的道歌集《智慧之雨》，並施行薈供。在初十五施行供養儀軌期間，閉關行者〔應該念誦〕讚揚達波仁波切的祈願文和祈請文。

陰曆九月

陰曆九月初十四是學者和成就者瓊波那久的紀念日。〔為了慶祝這個紀念日，〕閉關行者應該連同《香巴噶舉傳承上師供養儀軌》來舉行薈供，其中應該包括念誦《香巴噶舉傳承上

師生平祈請文》。

陰曆十月

陰曆十月初六是三世佛多波巴〔多波桑傑〕的紀念日。這一天，閉關行者〔應該念誦〕獻給這個覺囊傳承之父及其法嗣的祈請文。

陰曆十一月

陰曆十一月末，閉關行者必須更換放置在護法寺佛堂上的「常年食子」⑪。此外，閉關行者也必須〔對護法〕從事特別的供養儀軌。新的食子應該在二十四日或二十五日準備妥當。二十六日傍晚，閉關行者應該在從事例行的儀軌期間，把舊的食子〔從寺廟中移除〕，供於屋頂上，之後，立刻安置新食子，並予以加持。從二十七日開始的連續三天或五天，閉關行者必須小心翼翼地從事（如《證悟事業寶庫》等）「速作覺醒

---

⑪一些供養用的食子每天丟棄更換；其他的食子，也就是「常年食子」，則留在佛堂上一整年。雖然這些食子是由烘烤過的麵粉和奶油製作而成，但是高海拔和低氣溫會使它們免於腐壞。

護法」的根本廣軌，以及佛父佛母雙運之「金剛黑袍」、五位眷屬及其他從眾的儀軌。閉關行者必須念誦舊譯傳承的《成就舞海》，以及念誦必須〔崇敬之〕一切新伏藏〔護法之〕酬補儀軌一百遍以上。

陰曆十二月的特殊修法

陰曆十二月十八日是遍知者龍欽冉江桑波〔龍欽巴〕的紀念供養日。在這個紀念日，閉關行者應該連同薈供一起從事〔龍欽巴〕心要傳承的上師供養儀軌。

這個月的二十四日專門用來準備〔歲末之護法儀軌〕。這一天，閉關行者要如法製作和安置食子。完成製作和安置之後，閉關行者要從事七天（從二十五日一直到新年第二天早晨）的「速作覺醒護法」的食子修法，其中包括持續不斷地持誦咒語。這段期間，閉關行者必須依照修法儀軌所描述的來施行必要程序，依序念誦祈請文和修法，不可有遺漏、增加或錯誤。事業金剛 ⑫ 必須〔遵從〕正確程序，並且〔確定每一件物品〕都全然潔淨。製作食子的麵粉、供養用的酒、穀物、加持物和其他必要的物品，必須由駐在閉關中心的上座喇嘛或閉關

---

⑫事業金剛（the vajra of sectivity, *las kyi rdo rje*）：佛壇侍者的頭銜。

行者自行給予。〔這個時候，〕其他人的贈與不可以加入供品中。

　　念誦咒語的聲音不應該太大聲（例如，在閉關中心外都聽得到），也不要太輕柔（例如，在附近念誦咒語的人都聽不到）。團體持誦期間，〔一個人〕念誦咒語的速度不可以比其他人緩慢。那些被指定維持咒語連續不斷的人，必定不可以因為談話或昏睡而中斷持咒。〔這段期間，〕爭執、意見不合和吵鬧是完全不被接受的行為。〔持咒〕的聲音不應該從遠處也可以聽聞，但是在近處應該可以輕易地聽到。持咒聲音的強度和音高應該適中，速度平穩。從一開始發聲持咒就應該保持放鬆，這樣才不會漸露疲態。

　　〔新年〕第二天黎明的早晨修法結束之際，需燃香帶領所有行者把食子帶至〔護法寺的〕屋頂。那個時候，除了那些來自八蚌寺的成員外，每個人都必須到天井〔和其他人一起〕念誦祈請文。一旦這個結行儀軌圓滿後，所有的〔閉關行者〕都必須聚集於寺廟，施行清淨和修補〔三律儀〕的廣軌⑬。

---

⑬蔣貢康楚仁波切在此做了一個非常強烈的聲明。對西藏人而言，陰曆年是一個最重要的節日，不僅代表新年，也是每個人的生日。西藏人不慶祝個人的生日；每個人在正月初一過後，替自己增添一歲。雖然閉關行者期望能夠在這一天大肆慶祝，但是蔣貢康楚仁波切非常明確地告訴閉關行者必須持續修法。

背景資料

　　護法寺的閉關行者必須擔負起該寺廟的責任，所遵循的修法課程也相當不同於其他的閉關行者。這個閉關行者通常在之前已經圓滿了三年三個月的閉關。這位行者三年又三個月的閉關課程，僅僅由兩種修法構成，這兩種修法皆源自伏藏法典：「三寶總集」是觀修蓮師外、內、秘密、極秘密的身相；第二種修法「八大善逝總集」是觀修八大善逝中圍本尊，此法是舊譯傳承的主要生起次第禪修。

　　在說明這位閉關行者第二年的修法細節時，蔣貢康楚仁波切使用了三個專門術語：瑪哈瑜珈、阿努瑜珈和阿底瑜珈。舊譯傳承的九乘修道次第中，瑪哈瑜珈、阿努瑜珈和阿底瑜珈是最後三乘，也是「內密續」的三個次第。瑪哈瑜珈的修法主要屬於生起次第；阿努瑜珈主要是圓滿次第；阿底瑜珈則是觀修大圓滿。

　　這位閉關行者的特殊職責之一是，每年出關兩次去從事特殊的修法和供養。四月期間，他必須供養龍族。龍族是居住在水中的一種生物，每個月都會浮出水面數次。據說安撫龍族可以改善氣候，預防某些疾病。

　　這位閉關行者在龍族佛壇施行供養。一八五九年，在這個

地區被公開爲一處聖地、寺廟被建造之前，蔣貢康楚仁波切和秋吉德千林巴建造了兩座佛壇：一座是供奉密咒女護法（舊譯傳承的主要護法之一），另一座則供奉龍族。根據蔣貢康楚仁波切的說法，這個地區有四條溪流，流動的時候會發出咒音，其中距離閉關中心最近的那一條溪流，發出的是眞實嘿魯嘎的咒音。蔣貢康楚仁波切針對龍族佛壇的開光加持儀式做了以下描述：

> 當偉大的伏藏師秋吉德千林巴開始開光加持儀式之際，天空變得清朗透明，在如同繽紛落英的微雨中，出現一道奇妙非凡的彩虹。這座佛壇的吉祥徵兆顯現：從那個時候開始，東邊溪流的水流量巨幅增加。一直以來，這座佛壇擔負起龍族在這個地區以及整個區域所引發所有疾病和傷害的責任，而新的疾病也尚未出現。此外，季節性的降雨一直都很規律，而且穀物繁茂，牲畜興旺。（《八蚌寺閉關中心概覽》，頁 18b）

護法寺的閉關行者第二次出關，是爲了紀念秋吉德千林巴在一八五九年於閉關中心附近取出伏藏法典。這個事件宣布這個區域是一處聖地。蔣貢康楚仁波切在他的自傳中寫道：

六月初十，〔秋吉德千林巴〕在察卓仁千札右側的
昆盧遮那密穴取出〔一些伏藏〕。這些伏藏包括「秘密
心要」三類修法的黃色伏藏法典羊皮紙，以及前往察卓
仁千札的指南、製作大吉祥〔真實嘿魯嘎〕法像的材
料，以及裝臟的加持物。（《蔣貢康楚自傳》，頁96a）

讀者會注意到，蔣貢康楚仁波切在《蔣貢康楚自傳》中記
錄的月份是陰曆六月，在這本閉關手冊和其他地方寫的則是陰
曆五月。關於這個故事，另一個難以理解的矛盾之處是伏藏法
典被取出的地點：在其他的紀錄中，蔣貢康楚仁波切寫道，秋
吉德千林巴是在蓮師的秘密嚴穴取出伏藏。

無論如何，每年的紀念日，閉關行者都會在察卓仁千札的
六處嚴穴舉行多次薈供供養。在介紹察卓仁千札的指南指出，
每一個嚴穴都曾經是舊譯傳承早期的偉大上師從事修法的處所。

在這些時期，護法寺的閉關行者會在喇嘛的協助下從事長
壽修法。這位閉關行者居住在閉關中心內，卻不參與閉關中心
的課程，據推測，他可能是為蔣貢康楚仁波切舉行長壽修法。

護法寺閉關行者的課程

〔護法寺的閉關行者在閉關〕前兩年，必須圓滿所有生

起次第和圓滿次第的修法，這些修法都包含在烏金雷托林巴的「三寶總集」的甚深教授中。剛開始，閉關行者要用三天時間來觀修「上師相應」的加持。接著，根據桑傑林巴的〔教授〕，各用三天時間完成四共加行的四個次第。繼此之後，閉關行者依照主要論著《上師心意寶論》來念誦皈依文、發起菩提心文、獻曼達、「上師相應」的簡短祈請文各十萬遍。所有這些修法必須在五個月內完成。

接著，閉關行者按照《蓮師口耳教授：持咒指南》的教授來從事〔生起次第的〕修法。與這些修法相關的《蓮師七句祈請文》和「班雜咕嚕」咒，必須分別持誦十萬遍。此後，閉關行者要持誦「外法」的「突增札〔咒〕」①三十萬或四十萬遍。在修持正行，也就是「內次第」（內法）的三個月期間，閉關行者必須持誦「突增札咒」一百二十萬遍或一百二十萬遍以上。秘密法，即忿怒的咒語，必須持誦四十萬遍；極秘密法，即獅面空行母的咒語，必須持誦三十萬遍。閉關行者分別用三天時間觀修四種形式的證悟事業。只要時間許可，儘可能地修持長壽法三個星期或者一個月。在舉行火供來圓滿修法期間，閉關行者必須持誦寂靜蓮師的咒語，其數量是修持寂靜蓮

---

① 突增札咒（tötreng tsal mantra, *thod phreng rtsal*）：指包含了蓮師的一個名號，貝瑪突增札（Payma Tötreng Tsal，意指「蓮花顱鬘力」）的長咒。

師期間所持誦咒語數量的十分之一。完成後，閉關行者分別用數天時間觀修與生起次第相關的阿努瑜珈和阿底瑜珈之修法。

然後，閉關行者根據《三界圓滿解脫》的教授來從事圓滿次第的修法。一年之中，閉關行者分別修持〔本書所描述的〕各種教授，如此一來，閉關行者可以修持每一個教授，直到成功的徵兆顯現為止。那段期間，與瑪哈瑜珈之生起次第相關的〔修法〕，以及那些和阿努瑜珈〔體系之〕脈②、風息相關的〔修法〕，閉關行者只要隨宜修持數天。另一方面，所有阿底瑜珈大圓滿之不共前行及其正行——立斷和頓超，必須觀修數個月，直到獲得一些覺受為止。〔這段時期〕結束後，閉關行者要修持遷識瑜珈，直到成功的徵兆出現為止。

〔金剛上師〕必須授予閉關行者〔上述〕所有修法儀軌的口傳與教授，以及〔該修法傳承之〕補充法本和經論的口傳和教授。〔生起次第〕正行一開始，閉關行者必須領受寂靜蓮師、忿怒蓮師、獅面空行母的灌頂加持，以及長壽灌頂和敕令〔護法〕。

最後一年期間，當閉關行者領受了合宜的灌頂、口傳和教授之後，即可修持八大善逝本尊的「八大善逝總集」。《大樂

---

②脈（channels, rtsa）：是風息在體內流動的通道。為了診斷和治療的目的，西藏和中國醫學傳統精確地描述了脈的網絡。密續修法則從證悟的觀點，描述不同的脈的佈置。

受用》構成了〔修法的〕基礎，而由大譯師達瑪師利所撰述的
《持咒廣軌》則說明了它的內容。《芝麻油燈》說明了〔達瑪
師利的著作內容〕，闡釋了修法的細節。寂靜蓮師的咒語只持
誦兩個星期；忿怒蓮師的咒語持誦六個月或六個月以上，可長
達至一年，取決於行者的時間。〔修法〕以燃燒〔火供〕做爲
結行，以達到平定綏靖的效果。

　　閉關期間，護法寺的喇嘛必須留在〔閉關中心的範圍
內〕。〔那段期間，〕必須從事新伏藏之寂靜、忿怒黑閻摩羅
咒語的念修三個月或三個月以上，持咒的數量必須達到圓滿。
如果時間許可，也要持誦圓滿數量的金剛橛和黑馬頭明王咒
語。

　　〔閉關期間，〕護法寺的閉關行者必須參加所有年度的、
每月的團體供養儀軌。這個閉關行者也必須持誦和從事上述所
有閉關行者每日念誦的〔補充〕祈請文和修法，沒有例外。這
位閉關行者必須從事一些特別的修法：

　　早晨修法期間，觀修和持誦白度母的咒語後，閉關行者必
須連同長壽修法《鐵山》，一起從事「三寶總集」事業儀軌的
寂靜修法。黎明時，應該向諸神做簡短的煙供，例如《煙供
山》或《祥雲翻湧》。

　　下午的修法結束後，閉關行者必須從事以下的修法：念誦
證悟事業的咒語，並且向新伏藏的六臂護法施行酬補供養；向

三黃本尊和大吉祥天女施行食子供養；根據新伏藏的事業儀軌來從事長壽天女的持咒、食子供養和酬補供養。這些修法以首句為「護衛佛法」的祈願文做為結行。

　　傍晚的修法結束後，閉關行者必須持誦忿怒蓮師、獅面空行母和四種形式的證悟事業的咒語。此外，閉關行者必須根據「三寶總集」的修法，透過薈供的形式來施行酬補供養，不可有所缺失。

　　〔每個陰曆〕月份的初十五和二十八日，閉關行者必須分別為新伏藏之毘沙門天財神護法❶和瑪摩明王持誦證悟事業之咒語，並且施行食子供養。

　　四月龍族出現的時期③，護法寺的喇嘛和從事長壽修法的喇嘛必須輪流在龍族佛壇施行兩天的儀軌。〔這些儀軌包括〕供養八大龍王之天法伏藏《如意眼鏡蛇》，由噶瑪恰美撰寫的供養本土水源龍族之儀軌、龍族的酬補供養儀軌④，以及各種食子供養的念誦。

---

❶毘沙門天財神護法（Son of Renown, *Vaishravana*）：或稱多聞天王，為北方的守護神。

③根據西藏的天文曆法，龍族出現在陰曆四月的初四、初五、初九、十五、二十到二十五，以及三十。

④此處特別提及的酬補供養儀軌，叫做「*spang bskang*」。但是我無法找到「*spang*」這個字的意義。

　　〔陰曆〕五月初十和十一兩天，是德千仁波切（也就是秋吉德千林巴）在這個閉關中心右側取出甚深伏藏的週年紀念日。護法寺喇嘛（的主要責任）是和修持長壽法的喇嘛，輪流在兩天內，於〔附近的〕六處修法巖穴，舉行一百次、兩百次或三百次的薈供。這六處修法巖穴中，有三處是〔蓮師、無垢友尊者和呼卡拉〕三位上師的巖穴，以及耶喜措嘉、毘盧遮那和南開寧波的巖穴。〔這些薈供〕要按照以下的儀軌和修法來從事：新伏藏兩個心法⑤的事業〔儀軌〕；無垢友尊者之修法；從「水晶蓮洞」取出、名叫《巍峨宮殿》的八大善逝中圍本尊修法；從「虛空伏藏」取出的真實嘿魯嘎修法；以及其他的修法。

　　從事龍族供養所需的協助、舉行共或不共的供養所需的新物品，以及這些時期所需的物件，都必須透過閉關侍者從〔閉關中心的〕上座喇嘛處取得。在舉行為期兩天的一百次薈供期間，寺院也有必要派遣一位幫手來協助喇嘛。

---

⑤新伏藏的兩個心法（the two heart practices, *thugs sgrub*）：分別是「盡除一切障礙」（Dispelling All Obstacles, *bar chad kun sel*）和「如意寶」（Wish-Fulfilling Jewel, *yid bzhin nor bu*），這兩個心法都是由秋吉德千林巴取出。在《大寶伏藏》中，蔣貢康楚把這兩個心法歸類為寂靜蓮師證悟化身的修法。

第五章 ▌ 律儀的一般規則

　　金剛上師負責閉關中心修行生活的所有面向，他必須傳授所有必要的灌頂、修法教授和口傳。一開始，他必須教授閉關行者〔共同念誦〕祈請文的次序、佈置中圍壇城〔和案上供品〕的方式、從事〔共修儀軌期間〕所必須吟唱或演奏的旋律等。那些不熟悉這些技巧的閉關行者必須領受教導，這樣，他們才能夠加以施行。閉關期間，〔金剛上師〕必定不可忽視有違〔正確程序的〕缺失。金剛上師必須在不惱火的情況下，詳細解釋閉關行者〔有必要改進的〕理由，並且立即糾正〔任何錯誤〕。在極端情況下，如果有人不聽從，製造了紛亂，那麼金剛上師必須給予適當的懲戒以預防〔情況繼續蔓延〕，例如，要〔那個人〕向僧眾供茶或做一百個大禮拜①。金剛上師必須對所有閉關行者一視同仁，而不去考慮過去是否熟識，或因為其社會地位、影響力或財富而有所偏袒。

切勿忽視必須做的事

　　贈與給這個僧團的每一件事物，例如茶和酥油、一般茶的

---

①如以下所清楚說明的，懲處違規有各種不同方式：罰款、做大禮拜，甚至體罰。這三者中，罰款無疑是最有效的遏制。到了那個時候，任何一個閉關行者已屆成年，可以說已經做了足夠的大禮拜做為懺悔過錯的象徵性處罰。體罰的用意，大多是在打擊一個人的驕慢。

供養等，必須分配給所有人，不可有絲毫浪費。由一般信眾或要求舉行特殊法會所給予的一切供養的現價或未來價值，不論大小，必須等量且公平地分配給〔閉關行者〕。寺廟年度〔預算的〕部分，必須每月扣除，並且交給負責準備供品的人。

閉關行者應該查看常明的〔大〕燈，以及每天傍晚供於寺廟的油燈〔是否仍在燃燒〕。夏季時，必須重新密封寺廟和閉關中心的屋頂；冬季時，必須清除積雪，時時清掃寺廟和庭院內的塵污。當從事這些工作是明顯必要時，不去做是錯誤的：閉關行者必須立刻安排從事。採取任何必要行動來修補齧齒動物對寺廟所造成的毀壞。切勿忽視〔必須要做的事情〕！

這些重點以及以下說明的必要工作，對於維持這個閉關中心的結構和帳目關係至鉅，金剛上師必須擔負此一重責大任。金剛上師必須監督的工作，例如年度密封屋頂、修補寺廟屋頂的嚴飾、排解〔有關律儀或其他〕糾紛等，應該交託給眾上座、司庫或寺院的戒師，以便立即解決這些問題②。

所有閉關行者必須擁有一件那木珠爾③、上身和下身的僧袍，以及一個蒲團。如果有的話，閉關行者可以擁有一個鉢

---

②我詢問過的每一位喇嘛，對於繼此之後的段落都有不同詮釋，因此我不願意把這個段落包括在翻譯中。這段話最有可能的意義是：「他們會根據紅冠和黑冠上師所寫教授之特定指示來解決任何問題，並且附上上師的封印和護法本尊敕令。他們的信件一份放在這裡，另外一份則放在寺院的辦公室。」

盂。閉關行者也必須擁有從事功法所穿的制服和一條修法帶。如果可能的話，閉關行者也要準備一頂修法帽。從修持拙火瑜珈開始，在任何情況下，閉關行者都不得穿著皮衣或皮草，因此，〔在進入閉關前〕要準備厚重的羊毛衣物等。

當閉關行者一起念誦祈請文時，如果能由金剛上師帶領是最好的。如果這個做法不可行，那麼應該由聲音美妙的人輪流帶領念誦祈請文。閉關行者、護法寺的喇嘛和從事長壽修法的〔喇嘛〕，應該輪流擔負起開始和結束每一座修法的鳴鑼責任。護法寺內，佛壇供品的佈置、食子的製作、內外設施的維護等，都必須由該寺廟的喇嘛獨力監督。

〔閉關中心的〕詳細帳目紀錄必須由〔主要寺院的〕一位轉世上師和閉關中心的金剛上師完成。〔閉關期間，〕閉關行者輪流擔負起準備供品的責任。收到帳簿時，輪值的閉關行者必須詳細比對帳簿上的紀錄和寺廟實際的財產。這項工作應該在沒有金剛上師的提醒下完成。記錄在帳簿中的每一件物品，不論大小，都必須加以查核：代表佛陀身、語、意的圖像和塑像，供器、樂器、食子和佛壇上的每一件物品，盒子、箱子和其他容器，甚至哈達，只要發現有遺失，不論該物品是貴重的

---

③那木珠爾（the choak of patches, *snam sbyar*，即僧伽梨）：受了具足戒的人在特殊場合所穿的衣物。

法物或俗物，都必須用同樣的物品來替補。如果有物品破損或
毀壞，必須重新製作或修補。如果鐃鈸或其他樂器破損了，必
須加以替換。

供品的準備

〔負責寺廟的閉關行者〕必須使用被指定用來從事供養修
法、週年紀念供養或日常供養的捐獻。這位閉關行者必須確定
使用了每一件物品來做為供養，不為自己保留一分一毫。佛壇
侍者也必須清掃寺廟內外，每天擦拭供杯，時時清理其他的供
品。用來從事供養之水不應該被傾棄在不潔處，如飲用水的
〔容器〕中、步道上等，應該拿到潔淨之處傾倒。使用過的食
子應該是收集起來交給閉關侍者，用來換取舉行桑煙供所需的
松枝。

每一年，閉關行者會集資購買兩塊茶磚④。其中一塊茶磚
應該被用來購買粉刷閉關中心〔外牆的〕白色塗料；另一塊茶
磚則應該被用來購買阿羅白玉⑤山後的燃香，例如松枝等。這
些燃香應該被研磨成細粉，浸泡在好酒中，一旦從酒中取出乾

④那個時候，在以物易物的西藏東部，茶磚是非常有用的通用貨幣。
⑤阿羅白玉：介於八蚌寺和德格市之間的村莊。

燥後，就可以在主寺廟和護法寺用來做為日常或特殊的供養。
金剛上師必須詳細說明製作燃香的時間，閉關侍者則必須收集
必要的材料。

　　輪值佛壇侍者的閉關行者必須準備日用的食子和供品。在
一些特殊場合必須準備許多供品，因此所有製作食子的能手都
必須幫忙。陰曆四月舉行特殊供養期間，以及其他適當的場
合，所有供品的裝飾，例如旗幟，都必須替換。舊的裝飾被收
集起來〔放置一旁〕，並且安置新的裝飾。供養法會結束後，
新的裝飾被收集儲存起來，重新放上舊的裝飾。由於這些雜務
必須立即處理，因此所有的閉關行者都應該在中午前協助完成
工作。

　　從事供養修法期間，供養中圍壇城本尊所需的供品，應該
只有在要使用時才從〔儲藏庫〕取出，一旦修法結束，就必須
小心地放回儲存容器中，不容許草率地丟在一旁或棄置不顧。

　　除了舉行儀軌期間，必須起身拿取供養的食子或〔一部分
的〕薈供物品等，佛壇侍者不可從事任何會中斷儀軌進行的事
情，例如沒有必要的走動或常常起身然後坐下。

掌握念誦的速度

　　領誦祈請文的人念誦速度不應過於緩慢，否則會讓法會超

過白晝的時間，或讓每個人久坐不適；如果為了同時完成修法而念誦地過於快速，那麼從事的儀軌將毫無意義可言，因此，念誦祈請文的速度應該緩急適中。一年之中白晝較長的時期，可以用不同的音調和旋律來唱誦祈請文，用更多的時間來持誦咒語；在白晝時間有限的月份，可以不用音律來念誦祈請文，並用較短的時間來持誦咒語。然而，每天早晨的清淨和修補〔三律儀〕共修儀軌期間，以及傍晚所做的食子供養儀軌期間，必須確定有足夠時間來〔正確且適當地〕念誦祈請文，並且從事一些觀修。閉關行者絕不可以過度急促地念誦這些儀軌，以至於沒有覺察到自己剛才所念誦的內容。在共修期間，領誦者不應該獨自擔負起所有念誦的重擔。居住在閉關中心的所有行者都是閉關的喇嘛，念誦這些祈請文是為了自身利益，因此，每一位閉關行者都應該積極參與念誦，並在念誦的同時不忘從事觀修。

　　大多數的教授法本和必須念誦的祈請文都已經印行，不去索取是沒有道理的。進入閉關前，閉關行者應該收集所有必須的書籍。沒有一個儀軌祈請文的念誦順序是太過複雜而無法學習的：閉關行者應該熟知儀軌的次序。沒有人有任何理由說：「我沒有那個法本」或者「我不知道那個儀軌的次序。」

　　如果閉關行者中有人擁有美好的聲音，並且熟知儀軌，那麼他可能會擔負起領誦者的責任一段時間。在這段期間，他便

不須擔任佛壇侍者。所有的閉關行者輪流敲鑼以告知每一座修法的開始和結束。但是，告知共修儀軌的開始所擊之鼓，必須由佛壇侍者來執行。如果閉關行者中沒有人擁有美聲且通曉儀軌，那麼每一位行者必須輪流擔任領誦者。

舉行共修儀軌時，閉關行者必須在聽到鼓聲時，立刻集合在一起。進入寺廟前，閉關行者必須把鞋子脫在廊上，不可以穿鞋進入寺廟。寺廟所必須遵守的行為規則，類似任何大寺院的寺廟律儀：在儀軌結束之前的任何時候進入寺廟，都要做大禮拜等。儀軌進行期間，閉關行者不可以熱烈地和其他人交談、心思散漫地四處張望、睡覺、斜倚著休息、伸展雙腿、蓋住頭部、清鼻子等。閉關行者應該保持禪坐的姿勢，將全副心思貫注於念誦的祈請文，以及所從事的觀修。除了佛壇侍者外，儀軌進行期間，沒有人可以起身，直到宣布儀軌暫停為止。

在一座修法的開始，敲鑼的時間應該足夠到讓每一個閉關行者得以聽聞，並且返回他們的關房。在每一座修法結束時，短暫敲鑼一段時間。

其他人不得進入閉關中心

從閉關行者的名單於〔閉關〕之初被張貼出來，一直到名單被取下為止，沒有一個人，無論其社會地位高低，可以進入

閉關中心，這些人包括出家眾和在家眾，尤其是女人。唯一例外可以進入閉關中心的是年終舉行護法儀軌時，持續念誦咒語的八個人。如果〔一個閉關行者〕讓一個出家人從廚房進入〔閉關中心〕⑥，那麼他所領受的罰責是向僧眾從事一百次的茶供；如果進入閉關中心的人是一個在家眾，則必須支付法會供養哈達和燈供的罰金；如果進入閉關中心的是一個女人，那麼必須通告寺院的上座，並施以行者肉體的和物質的處罰；如果進入〔閉關中心的外來者〕製造了巨大的騷亂，肇事的閉關行者將被逐出閉關中心。

〔年終舉行護法儀軌期間，〕進入閉關中心持續念誦咒語的八個人，必須由兩位已經完成三年又六週閉關的為首喇嘛，以及六位受了具足戒的比丘組成。他們必須在〔陰曆〕二十四日那天抵達閉關中心，並且在用加持過的甘露水清淨之後進入護法寺。他們必須在新年的第二天離開閉關中心，且不容許提早進入閉關中心或停留更長的時間。

〔年終舉行護法儀軌期間，〕閉關行者不可以把頭伸出窗外或觀望太陽等。如果有所違犯，犯規者將依行為輕重被罰做二十五到一百個大禮拜。

---

⑥閉關中心有兩個入口：一個在閉關中心之上，從蔣貢康楚仁波切個人的居處；另一個入口是閉關侍者和樵夫使用的、通往廚房的門。

在各期閉關之間（也就是閉關行者的名單在〔閉關結束〕被取下時），金剛上師應該優先准許那些有要事而必須進入寺廟的人。沒有其他人可以進入〔閉關中心〕；〔不被允許進入的〕訪客可以在會客室進行會面。

如果閉關行者染上不是非常嚴重的疾病，那麼閉關侍者可以給予照料，其他的閉關行者不應該為了這個緣故而中斷修法。如果閉關行者染上重病，那些擔憂的和能夠提供協助的行者應該加以照料，直到該閉關行者的健康改善為止。

保持關房清潔

每一個行者關房內的佛龕必須除去灰塵。用來獻曼達的曼達盤、食子和任何其他物品，一旦清潔之後，必須保持清潔無瑕。此舉象徵一個人的心之清淨，有助於圓滿地積聚福慧二資糧。

所有記錄於名冊中的個人〔財物〕，例如宗教繪畫和法像，不可輕率地濫用棄置。閉關結束時，閉關行者應該把〔這些物品的〕清單呈給金剛上師，這樣，金剛上師才能夠沒有延誤、完整無損地物歸原主⑦。

---

⑦根據喇嘛嘉晨（卡盧仁波切的姪兒）所說，閉關行者在閉關期間不可擁有個人財物，即使是宗教物品。這些物品被存放在儲藏室中，於閉關結束時才物歸原主。

除了燃香之外，火種不可帶入關房內。即使如此，仍然有許多寺廟或財物被燃香的火花焚毀之事，因此攜帶和放置火種時，小心謹慎並提高警覺是必要的。

如果寺廟的坐墊破損，必須立刻告知金剛上師。縫補坐墊所需的材料，應該從閉關總帳目中支付。每一次展開新期的閉關時，應該更換新的坐墊。

〔每一年年終的護法〕食子修法和舉行薈供期間，可以使用少量的酒類。除此之外，沒有任何形式的酒類可以攜入這個閉關中心。那些攜帶酒類進入閉關中心飲用的人，將會受到懲處：如果該閉關行者引發巨大的騷亂，他必須供獻一條哈達或一塊茶磚；情況輕微者，則要供茶給大眾，並且罰做一百個大禮拜。

一般而言，閉關行者一開始不應該對彼此過度友善，因為日後此舉可能會變成爭吵的起因。爭執本身是無意義的，會破壞了閉關行者和金剛兄弟之間的誓戒。切勿開玩笑，玩笑會導致不幸。切勿談論自身或正面或負面的偏見，否則閉關行者會視這些行為習以為常，而這些行為是修行者自身侷限的徵兆。不要暗地裡談論是非，此舉會散佈無意義的敵意和不睦。所有〔閉關行者〕應該按照上師的命令和願望來行事。

無論是進入或離開關房或靜坐時，都應該時時穿著上衣。前往集會時，不可不穿著下衣。

一些罰則

如果發生口角，肇事者必須做一百個大禮拜，回嘴的閉關行者必須做五十個大禮拜。如果發生打鬥，先出手的人要挨十五板，並且供獻一塊茶磚；回手的人要挨十板，並且供獻四分之一塊茶磚。如果有許多人參與惡鬥，或者一個閉關行者毆打金剛上師，那麼必須通報寺院的上座。如果犯規嚴重，犯規者不但會受到應有的懲罰，也會被逐出閉關中心。那些忽視金剛上師的指令，並且反駁金剛上師的人，必須供茶，同時做一百個大禮拜。

當閉關侍者告知茶水已經備妥時，閉關行者可以出關房去用茶，並且如廁。當示意修法開始之際，閉關行者應該返回蒲團上開始修法。開始修法時，沒有一個閉關行者可以離開自己的關房，直到該座修法結束為止。〔在這段期間〕離開關房，要被罰做二十五個大禮拜。一旦修法開始，仍然與他人交談，那麼每一個參與交談的人要被罰做十個大禮拜。修法開始之後，沒有一個人，包括兩位閉關侍者在內，可以造訪任何一個閉關行者，直到該座修法結束為止。閉關侍者必須時時保持監督。離開關房的罰責是十個大禮拜。如果有特殊情況必須會見另一個閉關行者的人，必須先向金剛上師解釋情況的特殊重要性。若金剛上師考量此一請求，並且同意此乃特殊情況，該閉

關行者即可造訪〔其他閉關行者的〕關房。

不得隨意更改念誦和修法內容

　　一旦修法開始，閉關行者開始從事念誦的〔修法〕時，例如前行法，每一位閉關行者念誦的聲音必須清晰可聞。在從事〔不需念誦的修法〕時，例如六法的明光次第，閉關行者必須全神貫注於修法的內容。不容許有人特立獨行來擾亂〔同修者〕的止境，例如在應該念誦祈請文或咒語時保持沉默，或在靜坐修法期間大聲念誦祈請文或咒語等。

　　任何人都不可以隨意更改本閉關手冊所示的念誦和修法內容，包括金剛上師和儀軌領誦者在內。如果發生這等情事，「寒林熾焰圓滿覺醒護法」⑧已經被賦予職權來採取行動。閉關行者絕不可以選擇〔自己偏愛的修持法門〕，來創造自己愚蠢的〔閉關課程〕的風格。然而，〔如果一個閉關行者〕因為之前所受灌頂、口傳或禪修閉關的誓戒，必須每日持誦〔咒語和從事修法〕，那麼這些持誦和修法可以依行者之便，在每座修法間的空檔，以最精簡的形式行之。但主要的修持法門是不容許更改的。

　　在黎明和夜晚，每一位閉關行者必須隨著告知〔每一座修法開始和結束的〕號令，來搖手鼓、鈴、吹奏脛骨號等法器。

隨著自己的喜好來吹奏是不被容許的，例如吹奏得比其他人快
很多或慢很多，或者有時候吹奏、有時候不吹奏等。

---

⑧寒林熾焰圓滿覺醒護法（The Fully Awakened Protector of Cool Grove, Blazing Fire,
　ye shes mgon po bsil tshal me 'bar）是一尊六臂護法像的名稱，蔣貢康楚仁波切稱
　為寺廟內「主要的護法像」。他如此解釋：

　　如秘密伏藏所云：

　　　三昧耶！
　　　此尊吉祥護法像，
　　　乃是由龍樹菩薩
　　　取龍宮之土所造，
　　　尊為黑色嘿魯嘎。
　　　龍樹寒林修法時，
　　　其熾焰降伏外道。
　　　為保未來護佛法，
　　　吾封為殊勝伏藏。
　　　三昧耶！

　　此一殊勝、加持力強大遍照、類似嘿魯嘎的秘密護法〔身相〕，是由烏金秋吉
　　德千林巴依照法典之預示贈與給我的。這位〔上師〕，眾伏藏師之首的證悟化
　　身，是在「葉普南卡卓」開啟大秘密伏藏時，取出這尊法像。
　　　〔伏藏法典〕承諾，凡是此尊法像駐錫之地，將能救怙八種或十六種危險，尤
　　其是水和火所帶來的危險。此外，它也依照一個人的祈願文，如願賜與共與不
　　共的成就，並且能夠透過見、聞、念、觸使眾生獲得解脫。這個被稱為「熾
　　焰」的護法尊如同如意寶一般。（《八蚌寺閉關中心概覽》，頁63b）

蔣貢康楚仁波切把它放在護法寺中一尊較大的六臂護法像的心間。

　　在每一座修法的最後一段時間，無論任何情況，閉關行者都不可以從事任何分散心思的行為，如閱讀、寫信、縫補衣物等。即使是那些再度從事三年閉關、熟悉閉關課程的人，在使用修法的時間來從事服侍寺廟和僧眾等重要工作前，都必須獲得金剛上師的特別許可。除此之外，任何情況下，〔即使是再次閉關的行者〕，都不可以使用這個時間來從事諸如繪畫、縫補衣物或木工等活動。必要而簡明的信件，只可以在兩座修法之間的空檔來書寫。如果金剛上師已經清楚告知閉關行者不可以在修法的最後一段時間從事某些工作，但行者仍然一意孤行，那麼行者所使用的工具必須被沒收。

　　那些不熟悉佛教的人在進入閉關時，必須學習上述閉關課程的法本，尤其是解釋三律儀的典籍。除了那些少數的書籍外，任何情況下，閉關行者都不許學習、研究或審視任何與佛教大小課題相關的法本。一般而言，聞、思、修被視為修行不可或缺的部分。然而，當禪修是我們主要的焦點時，研讀而產生的眾多推理思惟將成為禪修覺受的障礙。由於一座有效果的禪修，遠比窮一生之力來聞思更有價值，因此在這個閉關中心，我們應該全心全意地從事禪修。

　　以金剛上師為首的閉關中心所有成員，包括護法寺的喇嘛，以及從事長壽修法的閉關行者，無一例外地都必須參加所有的〔團體〕供養修法〔每月或每年的〕供養法會，以及定期

舉行的日修儀軌。除了生病或因為從事特殊要務而取得金剛上師允許〔連續〕缺席兩次之外，沒有任何理由可以不參加團體共修。

護法寺的喇嘛和從事長壽修法的閉關行者所必須遵從的律儀，除了〔他們必須從事的〕特殊念誦外，其餘都和其他閉關行者一模一樣。在每一座修法的開始和結束念誦祈請文，以及在每天早晨舉行的桑煙供期間，護法寺的喇嘛必須持續擊鼓。

財務的處理

金剛上師負責監督所有僧眾的財物，尤其是分配給僧眾的茶和酥油。無論收到什麼樣的供養，閉關侍者必須全數分配給寺廟和每一位閉關行者，沒有一絲一毫的浪費。分配工作必須公平公正，沒有任何偏袒。

寺廟〔外觀〕所使用的紅色油漆，必須由上座喇嘛的住處提供。用於購買白色塗料的茶磚，以及購買前述燃香所需的費用，必須從僧眾的帳戶中扣除。

閉關侍者負責儲存僧眾的財物，包括分配給僧眾的物品，以及來自信眾的供養。〔閉關侍者〕也必須準備茶水、煮湯，並且汲水〔供閉關行者使用〕。每天早晨，閉關侍者必須清掃〔建築物〕內部和庭院的灰塵。〔夏季時，他必須〕重新密

封寺廟和所有其他建築物的屋頂。他必須照料建築物的修補狀況，例如檢查沿著屋簷設置的排水管。閉關侍者的職責應該是適當地照料〔閉關行者的〕大小需求。在兩座修法間的空檔，閉關侍者應該造訪並且記錄閉關行者關注的事物。所有這些職責應該認眞且持續地執行。

　　如果〔閉關侍者〕極爲偏袒地把一大部分僧眾的財物給予親友，或〔其言行〕讓閉關中心的重要功德主感到不悅，那麼護法寺應該舉行忿怒儀軌〔來對治這個情況〕。如果〔閉關侍者〕明顯浪費僧眾的財物，供應品質低劣的茶〔也就是刻扣食物〕，以及把僧眾的財物挪爲私用，那麼他必須解釋其中原委，並且由全體閉關行者來評估定奪。

　　閉關行者飲用的茶水必須是熱的 ⑨。午膳必須在早晨修法的後半部烹調，並且使用一切可取得的食材。〔閉關侍者〕必須時時刻刻積極且巧妙地確保食物不被浪費。由於只有一位閉關侍者，因此當他非常忙碌時，例如舉行特別的法會，或者冬天必須清除中庭的積雪，閉關行者不該對他提出太多要求（例如要求他準備特殊的食物）。

　　〔在廚房，〕沒有立即使用的鍋盆應該妥善存放，使用過的鍋盆應該仔細清洗。〔廚師〕必須保持雙手和抹布的清潔。

---

⑨在這個關於煮酥油茶的句子的一開始，有一小段內容不太清晰。

　　如果儲藏室或〔閉關中心〕其他地方的箱子或皮製容器嚴重破損，儲藏室的管理員必須自行更換。當然，所有在廚房使用的青銅或紅銅鍋盆和其他餐具也是如此。

　　樵夫只爲這個閉關中心工作，並不受僱於上座喇嘛的住所，因此柴薪的供應量絕對不會有任何變動。除了〔主要的工作〕外，樵夫應該服侍金剛上師和閉關行者，並且在空閒時協助閉關侍者，這可能包括重新密封建築物的屋頂、夏季時粉刷牆壁、冬季時清除積雪，或於必要時前往寺院跑腿當差。他應該被贈與茶、食物、比供養給一位僧眾多的〔供品〕，以及獲得金剛上師的讚賞。

　　年終舉行護法修法的七天期間，樵夫必須持續協助閉關侍者，並且在夜間修法期間保持清醒。由於那個時候他無法收集柴薪，因此必須事先儲存。

　　閉關侍者和樵夫這兩位閉關中心的幫手，必不可以欺騙、辱罵〔閉關中心之外〕職位較低微的人。只要他們在閉關中心內，就必須公平且持續地服侍每一個人。他們和金剛上師以及閉關行者交談時，必須坦誠明確。任何形式的不敬，例如惱怒、憤怒的字眼或咒罵都不被容許。若對金剛上師說出任何不當的言詞，例如引起爭論或惡劣污穢的語言等，罰責是向僧眾供茶，並做一百個大禮拜。

全心全意在修行上求進展

如果「惡法增長，壓制善法」〔也就是說，如果其中一個幫手〕從來不提供適當的服務，並且開始有爭鬥的行為，必須通告上座喇嘛，要求給予協助，依照犯規和所引起騷亂的嚴重性，施以適當的體罰和物質上的懲處。如果所引起的騷亂是巨大的，侍者必須被逐出閉關中心，並且在替換人選後，召喚護法施以嚴厲的懲處。

如果有人在閉關中心附近（也就是在劃分這個地區的通道界限內）割草、伐木或獵捕鳥或鹿，必須加以制止。至尊噶瑪巴及其法嗣偉大的伏藏師秋吉德千林巴，以及其他許多傑出的人士常常下令〔保護這個區域，因此諸如此類的入侵〕是完全禁止的。閉關行者必須竭盡所能地制止他們從事這些活動，同時護衛這個地區。但是，如果這個人冥頑不靈又具破壞性，閉關行者必須立即揮動已經寫上這個人姓名的黑旗，以喚請護法寺的忿怒力量。

至於閉關行者本身，則不應該輕率地把兩位幫手視為自己的僕役，也不可以粗暴無禮地強迫他們按照自己的要求行事。閉關行者應該心平氣和地提出要求，同時考量他們的空閒時間和能力。

重點是，〔閉關中心的〕所有人——上師和弟子，萬萬不

可以變得不考慮他人、自私自利或只考慮到今生的需求。閉關行者的主要關注應該是自己所從事的修行。這個閉關中心有著佛陀身、語、意的表徵，是口耳傳承法教的支柱。閉關行者應該如此思惟：當你坐在蒲團上時，必不可以〔在這裡〕浪費時間。懷抱著諸如此類的想法，你就不會攀緣今生和來生，也不會成為他人嘲笑揶揄的對象。三年是一段非常短暫的時間，你應該全心全意地〔在修行的道路上〕求進展，並且成功地圓滿閉關。

關中生活最重要的忠告

你的精神指引——上師，直接在你面前履行佛陀的事業，因此，在身、語、意方面對上師有所不敬，即使是最細微的不恭敬，也將在今生帶來疾病，以及許多其他的不幸。〔這種不敬〕將是所有令人不悅的經驗之開端，例如〔你發現〕所培養的技能或才華對自己或他人都毫無用處。〔此外，〕一旦今生結束後，在未來的許多生世中，你將在六道輪迴體驗漫長的、強烈的和無法忍受的痛苦。

因此，那些進入這個閉關中心的人，應該依照佛陀的殊勝教法來行事：下定決心不對上師不敬，應該透過服侍上師來積極地表達孺慕之情。下定決心不出言不遜，例如為了玩笑而述

說上師的過失。閉關行者應該總是欽慕地述說上師的功德，如此一來，語之恭敬將會增長。在心意方面，閉關行者應該不斷思惟上師的功德和仁慈，如此一來，你所感受到的無量啓發和恭敬將會增長。

簡而言之，〔閉關行者應該遵循〕尊貴的那洛巴、尊貴的瑪爾巴以及口耳傳承其他殊勝上師的傳統。閉關行者絕不應該對上師有負面的想法，也絕不應該輕棄他的教導。閉關行者應該把自己所感受到的啓發與恭敬，做爲修法的唯一基礎。

上師開示時，每個人必須把鞋子留在〔寺廟外面〕。這個閉關中心，在上師給予開示前，必須先獻曼達。〔這樣的供養〕是必要的。不論開示是長或短，閉關行者都必須全神貫注，洗耳恭聽。尤其在舉行灌頂和加持儀軌期間，閉關行者必須精確地念誦祈請文，完美無誤地專注於每一個觀想的細節。

閉關行者應該確定自己能夠記住所有觀想的教授。如果閉關行者的資質低下，無法在課堂上理解修法的內容，應該要求給予特殊的教導，以釐清自己無法理解的特殊觀想內容。在沒有理解要點的情況下，仍然有可能從事修法；但是如果閉關行者對於修法本身的〔細節〕有所懷疑，那麼〔努力〕也是徒然。因此，立即詢問〔上師〕來釋疑是必要的。

如果時間容許，上師應該從前行法開始，即觀察閉關行者對於修法的理解，一直到閉關結束爲止。雖然這麼做或許是不

可能的，但是上師應該把閉關行者視為弟子，並且如是行事，這包括不斷聽取和注意閉關行者修持「六法」的覺受和徵兆；在修持〔六支加行的〕別攝和靜慮期間所顯現的徵兆；在修持大手印和立斷時，生起〔覺受的〕方式，以及頓超的顯現。如果閉關行者尚未生起〔這些覺受，上師必須給予指引，〕教導閉關行者如何糾正修法的錯誤以生起這些覺受。〔如果閉關行者〕說謊，聲稱自己擁有某種覺受，上師應該指出這樣的欺瞞不實是不被接受的，以糾正其行。〔上師也必須〕根據每一位閉關行者修行的程度，給予移除障礙、增長修法覺受的教授。對於那些能夠好好修法，以及已經生起一些覺受的閉關行者，上師應該給予鼓勵，使其持之以恆。上師應該時時給予必要的教授，來增長〔閉關的〕善緣，平息惡緣。上師應該不厭其煩、竭盡所能地協助〔閉關行者〕，例如閉關行者罹病之初即不加以忽視，並且盡力給予治療。

佛陀無限的忠告

我們的導師，慈悲的佛陀，對於受了具足戒的閉關行者的生活給予無限的忠告。我們在《寶積經》中可以找到一個簡明的例子：

迦葉，當一個受了具足戒的人進入閉關，過著獨居生活時，他應該透過八種形式的事業來對一切有情眾生生起慈心。那八種事業是什麼？它們是仁愛慈、悅意慈、歡喜慈、正直慈、無分別慈、和順慈、知法不共慈、如淨虛空慈。迦葉，對一切有情眾生的慈心，應該透過這八種形式的心靈事業來生起。

迦葉，一個獨居的、受了具足戒的人，應該養成這種態度：「我如此遠道而來。我獨自一人，沒有任何友伴，因此無論我做了什麼，是好是壞，都不會被任何人讚美或批評。但是，我是否專注於一境，鬼神、龍族和尊貴的諸佛都會知曉。由於祂們是我在此閉關的見證人，因此願我的心遠離不善！願我了知我的貪念、瞋念，以及其他形式的不善念，都只是凡俗的妄念！願我有別於那些縱情慾樂的人！願我有別於那些居住在城市和市郊的人！如果我真的變得和那些人沒有分別，那麼我就欺騙了鬼神和龍族，並且令諸佛不悅。但是如果按照閉關的價值觀來過活，那麼鬼神和龍族就不會批評我，並且能夠令諸佛感到欣慰。」這是要去養成的態度。❶

同時還建議〔在閉關期間，〕閉關行者應該過著清淨的生

活，持守圓滿的律儀，精進地修持四聖諦、十二因緣和三十七菩提分法（或三十七道品）⑩等教法。遍知者讓炯多傑曾經寫道：

---

❶ 參閱漢譯《大寶積經》卷第一百一十四，〈寶梁聚會〉第四十四〈阿蘭若比丘品〉第五（北涼沙門釋道龔譯，《大正新脩大藏經》第十一冊）：

> 迦葉！阿蘭若比丘至阿蘭若處已，行阿蘭若法。以八行行慈，於一切眾生生慈心。何等八？一者以慈利益、二者以慈樂、三者無恚慈、四者正慈、五者無異慈、六者順慈、七者觀一切法慈、八者淨如虛空慈。迦葉！以如是八行於諸眾生生慈心。
>
> 迦葉！阿蘭若比丘至阿蘭若處已，應如是思惟：「我雖至遠處獨無伴侶，若我行善、若行不善，無人教呵。」復作是念：「此有諸天、龍、鬼、神、諸佛、世尊，知我專心，彼爲我證。我今在此行阿蘭若法，我不善心，不得自在。若我至此極遠之處，獨無伴侶、無親近者、無我所有。我今當覺欲、覺恚、覺惱、覺餘不善法，亦應當覺：我今不應不異於樂眾者，亦不應不異近聚落人。若如是不異，我即爲誑諸天、龍、鬼、神已，諸佛見我亦不歡悅。我今若如阿蘭若法，則諸天、龍、鬼、神不見呵責，諸佛見我即亦歡悅。」

⑩ 此處只提及這些教法的名稱，其他地方，尤其是在《解脫莊嚴寶論》中則有詳細解釋。四聖諦是指苦、集（苦之起源）、滅（苦之止息）、道（通往苦滅的道路）（參見《解脫莊嚴寶論》，頁 237，註釋 16）。十二因緣是描述六道輪迴（參見《解脫莊嚴寶論》，頁 192-195）。三十七菩提分法是「獲致證悟不可或缺之論題」（參見《解脫莊嚴寶論》，頁 138-139，註釋 15）。四禪定和無色定是最高層次之天人的定境（參見頁 80-81）。欲界包含除了最高層次的天人之外的一切有情眾生（參見頁 10-11，註釋 9）。六度波羅密是佈施、持戒、忍辱、精進、禪定和智慧（參見第 11-17 章）。十地是指在圓滿證悟前所經歷的修道階位（參見第 19 章）。五道則帶領一個從初入佛門至最後證悟。

於此黑暗和騷亂的時代，
希望能在閉關中修行的
幸運之人是多麼的美好。

這年頭，由於每一個人的
壽命短暫而且命運多變，
幾乎無暇從事偉大事業。
你或許未受完整的教育，
只要虔敬信心持續不斷，
並總對他人生強烈悲心，
留在關中，努力精進修持。

一如捷徑無上密續所云，
無謬專注觀修生起次第
以及所有關於氣脈、風息
還有菩提心⑪之心要訣竅。
一旦你觀修了四禪定和
無色定而獲得明覺了悟，
然切勿安住在那個狀態，

---

⑪此處的「菩提心」和第二部第一章譯註⑮所說的「明點」同義。

要進入欲界，如在幻象中，
修持六波羅密直到圓滿。

願無明以及其他因緣之
生起會自然而然地消散。
了悟大手印、自我無本質，
並且不滿足於涅槃境界，
願你為了利益眾生而做，
直到六道輪迴空盡為止。

若你如此精進修法，那麼
十地、五道、三十七菩提分、
大智無盡定、諸力與勇氣，
以及十八種獨特之功德⑫，
將透過依止上師而圓滿。

---

⑫ 十八種獨特之功德（the eighteen unique qualities, *ma'dres pa bco brgyad*，即「十八不共法」）是指佛陀獨有的功德：六無失、六無減、三種證悟事業和三種智慧（中譯按：即身無失、口無失、念無失、無異想、無不定心、無不知己捨、欲無減、精進無減、念無減、慧無減、解脫無減、解脫知見無減、一切身業隨智慧行、一切口業隨智慧行、一切意業隨智慧行、智慧知過去世無礙、智慧知未來世無礙、智慧知現在世無礙）。

你應該用心謹記這個忠告，如同這是甘露一般。

《勸發聖增上意樂經》描述了不留於閉關的短處，以及二十種流於散亂的過失。《佛藏滅破戒大乘經》以及其他經典中指出，散亂的負面結果會導致無盡生世在輪迴的下三道[13]中受苦。

《大方廣勝彌勒所說獅子吼經》指出留於閉關的利益：

迦葉，一個菩薩可能會在一千年中，晝夜各三次地用鮮花、薰香、香粉和香水覆滿三千大千世界，用來供養三世一切諸佛。相較之下，一個菩薩因為知曉和憂懼散亂紛擾的世俗言說，畏懼三界中〔生活〕，以及致力於利他之願，而朝向閉關處走七步所成就的功德，遠遠超過從事如此的供養。

迦葉，你對此有什麼樣的看法？是佛陀在開玩笑嗎？或試著誆騙你？如果你認為這不會是佛陀之言說，那麼，迦葉，你不應該有這樣的想法。為什麼？因為對我而言，〔這個真理〕是清晰顯明的。

《父子相見經》曾經把學識和〔在閉關中修法的〕傑出功

---

[13] 下三道是指地獄道、畜牲道和餓鬼道。

德做一比較：

　　一個人或許在十劫中研習菩薩三摩地的重要教法，
並且向其他人宣說，但是在一彈指之間修習此法的功德
更爲殊勝。

《三摩地王經》指出：

　　尊者對阿難說道：「即使你沒有透過修持禪定而證
得任何沙門四果⑭，〔修持此一禪定〕仍然比博學多聞
崇高百萬倍。」

《三摩地王經》也指出，〔在閉關中修法〕勝過其他供養：

　　一人離開家庭生活，
　　走上了修行的道路，
　　使用食物、飲水、法衣、
　　鮮花、焚香以及塗香

---

⑭沙門四果（the four results of virtuous practice, *dge sbyong gyi'bres bu bzhi*）是指
　預流果、一來果、不還果和阿羅漢果。

來供養⑮無上之世尊。

另一人為無常所苦，
轉向閉關處行七步，
懷著為了利益他人
而覺醒的誠摯願望。
所獲功德遠勝前者。

此外，留在閉關中可以迅速獲得〔佛教的〕三乘之果。但是，如果因為功德不足和不夠精進而無法在今生證得三乘之果，據說〔閉關所帶來的作用〕仍然能夠使人在三佛涅槃之前斷除貪慾和障蔽煩惱。〔過去的上師〕也曾經如此宣說無數次，因此行者應該特別注重閉關中的修持。

---

⑮原著是「末供」（*rim gro byas ma yin*），但我個人認為應該是 *byas pa yin* 才正確。

第三部

閉關後的生活忠告

行者應該以〔確保〕不枉費修行的成果而感到心滿意足。如何能夠做到這一點？

這年頭，我們真的無法期望修行能夠有所成就，甚至無法期望能夠獲得「暖位」①初起的徵兆。我們只不過是凡夫俗子，必須透過一個簡單的方式，朝著〔獲致證悟〕的方向修行。

一旦行者留在閉關中心圓滿三年又六週的閉關，就可以獲得「上師」（喇嘛）的頭銜。如果行者認為有了這個頭銜就可以輕率地接受來自信眾或亡者家屬的供養，並且自滿於自己所從事的禪修，那麼這比販賣自己屠殺的動物所牟取的利潤來〔維生〕更加令人厭惡。

現在行者已經找到了通往解脫的道路，行者應該認識到，此乃上師之仁慈和行者自身善緣之故。為了不浪費你所擁有的這些善業習氣，因此只要你活著，就不應該無動於衷地放棄所從事的生起次第和圓滿次第的禪修。

斬斷所有世俗的執著，獨自去閉關直到修行有所成果為止，是你所能做的最好事情。其次是立誓絕不用違背修行的方式來維生，並窮一生之力來修法，供養上師和護持佛法，竭盡所能地從事利益他人或有益於修行的事情。最後，絕不用你所

---

①暖位：指行者超越修行的初始階段所發展出來的能力，而不是指身體的溫熱。

從事的三年閉關來交換食物或衣飾，否則此舉會在今生和來生
對自己造成不可彌補的傷害。相反的，你應該時時把清淨惡
業、增上功德與智慧的修持法門謹記在心。

　　一般而言，行者離開閉關中心後，不論前去或居住在哪
裡——前往寺院或返回俗世，在身方面，定要以律儀為衣；在
語方面，定要持誦祈請文和咒語；在意方面，定要修持慈悲、
要虔敬、要敬重、擁有淨見，以及生起生起次第和圓滿次第之
三摩地。

　　行者應該總是持有協助他人的誠摯願望。每天的開始和結
束，行者應該認真地從事修法，而非昏睡。行者絕不該沉溺於
錯誤的生活形態，例如諂媚奉承、旁敲側擊、玩弄他人於股掌
和期望有所回報。行者應該以擁有足以蔽體的衣物、足以維生
的食物，以及能夠遮風蔽雨和睡覺的處所而感到滿足。行者應
該不斷地減少俗務。不論經歷了快樂或不幸，應該透過適合自
己能力的技巧，融入修行生活中，例如修心、平等捨或觀修空
性等。

　　謊稱自己曾經見過天神或惡魔，擁有更高的覺知和圓滿修
法的成就徵兆等，即是把自己平凡無奇的經驗，虛偽地陳述為
特殊的覺受，如此的謊言不但違背了誓戒，也有違口耳傳承過
去偉大上師的本旨。絕不說如此的誑語。

　　無論在家或其他地方，絕不飲酒。

　　行者應該避免劇毒，如自私自利、執著和瞋恨、世間八法 ②、自我滿足的驕慢、不顧慮他人等。儘可能地保持謙遜，居於低下之位。把注意力集中在上師和皈依處上。訓練自己無分別地對所有人生起淨見。採取口耳傳承過去偉大上師的生活形態，認真且具信地奉持這個閉關中心的修行傳統。

　　總而言之，如《勸發聖增上意樂經》所說：

　　　　慈氏，如果一個在菩薩道上之人擁有四種功德，那麼這個時期的最後五百年、佛陀殊勝之教法遭到毀壞的時代，他將不會受到傷害或侵擾，反而會充滿欣喜地解脫。這四種功德是什麼？它們是認清自己的過失；拒絕談論其他在菩薩道上之人的是非；不特別注重親友家或功德主；以及不說令人不悅之語。慈氏，如果一個在菩薩道上之人擁有這四種功德，那麼在這個時期的最後五百年、佛陀殊勝之教法遭到毀壞的時代，他將不會受到傷害或侵擾，反而會充滿欣喜地解脫。

　　　　此外，慈氏，如果一個在菩薩道上之人擁有四種功德，那麼在這個時期的最後五百年、佛陀殊勝之教法遭到毀壞的時代，他將不會受到傷害或侵擾，反而會充滿

---

②世間八法：指利、衰、苦、樂、毀、譽、稱、譏。

欣喜地解脫。這四種功德是什麼？它們是完全捨離小乘的態度；避免積聚隨從；居住在聚落的外圍；以及積極地尋求自律、靜謐和心靈的平靜。慈氏，如果一個在菩薩道上之人擁有這四種功德，那麼在這個時期的最後五百年、佛陀殊勝之教法遭到毀壞的時代，他將不會受到傷害或侵擾，反而會充滿欣喜地解脫。

因此，慈氏，如果一個在菩薩道上之人希望盡除所有過去的業障，並且希望在這個時期的最後五百年、佛陀殊勝之教法遭到毀壞的時代，不受到傷害或侵擾，反而會充滿欣喜地解脫，那麼他必不可以沉溺於散亂；必須居住在靜僻處、在森林或在聚落之外圍；必須完全克服忽視他人利益所產生的怠惰；必須認清自己的缺點，而不去檢視他人的過失；必須享受靜默；必須欣喜地安住於般若波羅密多。

然而，此人發願為他人開示此法，那麼他應該保有一個非唯物的心，並且不思回報地贈授教法。

這是佛陀的忠告。即使在此一末法時期，如果你相信它，並且付諸實修，那麼你就能迅速獲得利益自他等一切有情的偉大法王之神秘境界。此乃佛陀之真實語，完全可信。

跋 ▌ 迴向文與結語

出離的力量點燃了精進之火，
智慧的曙光盡除迷惑的黑暗，
願人中之獅——無盡無量之諸佛，
在我生世中，示現於恆久世間。

佛陀殊勝語，無盡無量如意寶，
受此黑暗時代未開化人排拒。
此無價值行為於其有何好處？
然珍視這些話語者將會出現。

願本書提供解脫自在之見解，
願此成為其他人的殊勝明燈，
願照亮賢善行止的正確道路。
願它能光耀長明解脫的道路！

撰寫本書是為了那些在殊勝遍在大樂閉關中心——多康地區（西藏東部）口耳傳承之偉大總部八蚌寺的閉關中心行者之行儀做一釐清。本書的作者在末法時期充當實修傳承的持有者，〔名叫〕噶瑪阿旺雲登嘉措聽列昆嘉帕桑波〔蔣貢康

楚〕①。願本書能使實修傳承的殊勝教法廣爲傳佈、繁盛和長存。

　　願善與安樂增長！

---

①噶瑪阿旺雲登嘉措聽列昆嘉帕桑波（*karma ngag dbang yon tan rgya mtsho phrin las kun khyab dpal bzang po*）：意指「如汪洋之功德，其榮耀殊勝之證悟事業是遍在的」，是蔣貢康楚仁波切在本書所使用的署名，也是他在八蚌寺受戒時所得到的法名。

導讀所引用的參考書籍

以下書目是本書英文版的譯者在導讀的部分，或描述閉關課程細節之額外資訊所使用的參考書籍。

《蔣貢康楚自傳》（*The Autobiography of Jamgon Kongtrul, phyogs med ris kyi bstan pa la 'dun shing dge sbyong gi gzugs brnyan 'chang ba blo gros mtha' yas kyi sde'i byung ba brjod pa nor bu sna tshogs mdog can*）：蔣貢康楚著。出自《全集》（*Collected Works*），卷 16，頁 59-478。

《八蚌寺閉關中心概覽》（*The Catalogue of the Structure, Sacred Contents, and Spiritual Life of the Isolated Retreat of Palpung Monastery, dpal spungs yang khrod kun bzang bde chen 'od gsal gling rten dang brten par bcas pa'i dkar chag zhing khams kun tu khyab pa'i sgra snyan*）：蔣貢康楚著，這本書描繪了閉關中心的歷史、閉關中的生活，以及閉關內容的全貌。出自《全集》，卷 11，頁 3-256。

《灌頂、加持暨相關儀式之精簡分類》（*A Concise Classification of Empowerments, Blessings and Related Ceremonies, dbang bskur byin rlabs sogs kyi rab dbye nyung bsdus blo dman nyams dga'*）：蔣貢康楚著。出自《全集》，卷 9，頁 179-196。

《斷境法簡軌》（*A Concise Manual for the Practice of Severance, lus mchod sbyin gyi zin bris* [sic] *mdor bsdus kun dga'i skied tshal*）：蔣貢康楚著。出自《藏傳佛教之教育珍寶》（*The Treasury of Precious Instructions of Tibetan Buddhism*），卷 16，頁 387-405。

《孺童入壇灌頂》（*The Empowerment of Entering as a Child, dpal dus kyi 'khor lo sku gsung thugs yongs rdzogs kyi dkyil 'khor du byis pa 'jug pa'i dbang bskur bklag chog tu bkod pa ye shes rgya mtsho'i bcud 'dren*）：蔣貢康楚著，此一長篇法本沒有包括在《五藏》（*The Five Treasuries*）任何一部藏內。

《**佛教百科全書**》（*The Encyclopedia of Buddhism, shes bya kun lakhyab pa'i gzhung lugs nyung ngu'i tshig gis rnam par 'grel ba legs bshad yongs 'du shes bya mtha' yas pa'i rgya mtsho*）：分爲兩個部分，一個是本續，另一個是論釋。所有引自《佛教百科全書》的段落，皆出自名爲《知識汪洋》（*The Infinite Ocean of Knowledge, shes bya kam la khyab pa'l gzhung lugs nyung ngu'l tshig gis rnam par 'grel ba legs bshad yongs 'du shes bya niha' yus pa'I rgya ntsha*）的論釋，蔣貢康楚著。由位於北京的人民出版社（People's Press）出版，1985。

《**聖地察卓仁千札指南**》（*The Guide to the Sacred Ground of Tsadra Rinchen Drak, thugs kyi gnas mchog chen po de vi ko tri tsa 'dra rin chen brag gi rtogs pa brjod pa yid kyi rgya mtsho'i rol mo*）：蔣貢康楚著。出自《全集》，卷 11，頁 477-546。

《**甚深伏藏暨德童史**》（*The History of the Source of the Propound Treasures and the Treasure Revealers, zab mo'i gter dang gter ston grub thob ji ltar byon pa'i lo rgyus mdor bsdus bkod pa rin chen bedurya'i phreng ba*）：蔣貢康楚著。出自《大寶伏藏》（*The Treasury of Rediscovered Teachings*），卷 1，頁 291-760。

《**不分派教法源流史**》（*An Impartial History of the Sources of Spiritual Instruction, ris med chos kyi 'byung gnas mdo tsam smos pa blo gsal mgrin pa'i mdzes rgyan*）：蔣貢康楚著。本書包含了關於苯教的簡短歷史。出自《全集》，卷 9，頁 69-100。

《蔣貢康楚閉關手冊》（*Jamgon Kongtrul's Retreat Manual, dpal spungs yang khrod kun bzang bde chen 'od gsal gling gi sgrub pa rnams kyi kun spyod bsa' khrims blang dor rab gsal phal bde'i 'byung gnas*）：蔣貢康楚著。出自《全集》，卷 11，頁 257-320。

《蔣貢康楚之晚年生活紀事》（*The Last Days of the Life of Jamgon Kongtrul, rji kun gzigs 'jam mgon ngag gi dbang phyug yon tan rgya mtsho'i zhabs kyi 'das rjes kyi rnam par thar pa ngo mtshar nor bu'i snang ba*）：札西秋佩著，延續蔣貢康楚仁波切的生平事蹟，直到蔣貢康楚仁波切圓寂安葬爲止。出自《蔣貢康楚全集》，卷 16，頁 479-524。

《有意義的觀看》（*Meaningful to Behold, zab lam rdo rje'i rnal 'byor gyi khrid yig mthong ba don ldan*）：塔拉納達著，是關於「六支加行」的教授法本。出自《藏傳佛教之教育珍寶》，卷 17，頁 133-231。

《幻化之甘露》（*Nectar Appearing in a Mirage: A Partial Account of the Story of Payma Garwang, 'dus shes gsum ldan spong ba pa'i gzugs bsnyan padma gar gyi dbang phyug phrin las 'gro 'dul rtsal gyi rtogs pa brjod pa'i dum bu smig rgyu'i bdud rtsi*）：蔣貢康楚著。出自《全集》，卷 15，頁 261-342。本書的書名是蔣貢康楚仁波切自嘲的一個例子。

《上師心意寶論》（*The Ornament of the Guru's Mind, rdzogs pa chen po yang zab bla sgrub dkon mchog spyi 'dus kyi khrid yig gu ru'i dgongs rgyan nyin byed snying po*）：策旺諾布著。這是修持「三寶總集」的教授法本，出自《大寶伏藏》，卷 8，頁 177-280。

《香巴噶舉傳承修法祈請文》（*The Prayers to be Recited During the*

Preliminary and Actual Practices of the Shangpa Instruction Lineage, ye shes mkha' 'gro ni gu las brgyud pa'i zab lam gser chos lnga'i sngon rjes ngag 'don rdo rje'i tsig rkang byin rlabs 'od 'bar）：蔣貢康楚著。出自《藏傳佛教之教育珍寶》，卷 11，頁 29-45。

《授記書》（*The Proclamation of the Prophecies, lung bstan mdo byang*）：由秋吉德千林巴取出之伏藏。

《三處空行授記》（*The Prophecy of the Dakinis of the Three Sources, rtsa gsum mkha' 'gro'i lung bstan*）：由秋吉德千林巴取出之伏藏。

《八大實修傳承上師供養儀軌》（*The Ritual of Offering to the Spiritual Masters of the Eight Great Practice Lineages, sgrub brgyud shing rta ahen po brgyad kun 'dus kyi bla ma mchod pa'i cho ga byin rlabs dngos grub yon tan kun gyi 'byung gnas*）：蔣貢康楚著。出自《藏傳佛教之教育珍寶》，卷 16，頁 1-65。

《空行秘密口傳》（*The Secret Transmission of the Dakinis, mkha' 'gro'i gsang lung*）：由秋吉德千林巴取出之伏藏。

《傳承歷史增補》（*A Supplement to the History of the Lineages, khrid brgya'i brgyud pa'i lo rgyus kha skong*）：塔拉納達著。出自《藏傳佛教之教育珍寶》，卷 18，頁 99-116。

《了義炬》（*The Torch of Certainity, phyag chen sngon 'gro bzhi sbyor dang dngos gzhi'i khrid rim mdor bsdus nges don sgron me*）：蔣貢康楚著。出自《藏傳佛教之教育珍寶》，卷 8，頁 3-124。英文版譯者為朱帝斯・漢森（Judith Hanson），由位於美國波爾德市（Boulder）的香巴拉出版社（Shambhala）出版，1977。

閉關手冊正文中所提及之書籍暨祈願文

蔣貢康楚仁波切在他的閉關手冊中提及許多典籍，但是此處所列舉的，僅僅是蔣貢康楚仁波切提及書名或作者的典籍。部分書籍出自《大藏經》（即《甘珠爾》，The Collection of the Buddha's Word, Kangyur）或《論藏》（即《丹珠爾》，The Collection of Treatises, Tengyur），標示在後面的數字顯示這些書籍在《甘珠爾》或《丹珠爾》出現的順序，而這些順序是以宇井伯壽（Hakuju Ui）等人所編輯的《西藏佛教經典目錄》（Catalogue of the Tibetan Buddhist Canons, bKa' gyur and bsTan' gyur）爲依據。

「一切所知」（All that is to be known, she bya ma）：又名「投生極樂淨土」（*The Aspiration to Travel to the Blissful Pure Land, bde ba can du bgrod pa'i smon lam*）祈願文，由第五世噶瑪巴（Karmapa）德欣謝巴（Dayshin Shegpa）所著，包括在《噶瑪巴口耳傳承常見之祈願文》（*The Book of Common Prayer of the Oral Instruction Lineage of the Karmapas*）中，八蚌寺（Palpung）版本，頁 108b-110a。

「三世一切勝者」（All the victors of the three times, *dus gsum rgyal kun*）：是敏林德千（Minling Terchen）爲自己所寫之祈願文。

《妙美華鬘》（*The Beautiful Garland of Flowers, bla ma dgongs pa 'dus pa las phrin las lam khyer bsdus pa me tog phreng mdzes*）：由桑傑林巴（Sang-gyay Lingpa）所取出，乃修持「上師密意總集」（Quintessential Vision of the Spiritual Master）的事業儀軌。出自《大寶伏藏》，卷 7，頁 387-416。

《祥雲翻湧》（*Billowing Clouds of Auspicious Virtue, rgyun gyi bsangs* mchod dge legs sprin phung）：是針對介於中陰階段之眾生所行的供養，蔣貢康楚著。出自《全集》，卷 12，頁 487-504。

《噶瑪巴口耳傳承常見之祈願文》（*The Book of Common Prayer of the Oral Instruction Lineage of the Karmapas, dpal ldan karma bka' brgyud kyi rjes su 'brang ba'i dge 'dun rnams kyi thun mong tshogs su zhal 'don du bya ba'i chos spyod kyi rim pa legs lam rab gsal*）：由第八世泰錫度仁波切卻吉炯涅（Chokyi Jungnay）所彙編，在八蚌寺和龍德寺出版。

《護法日修簡軌》（*The Brief Daily Practice of the Protector, mgon po'i rgyun khyer bsdus pa*）：第十四世噶瑪巴（Karmapa）德秋多傑（Tekchok Dorjay）著，是噶瑪噶舉（Oral Instruction Lineage）傳承護法的食子供養（offering tormas）儀軌。

「三世諸佛」（The buddhas of the three times, *dus gsum sangs rgyas*）：作者不詳，此爲「上師密意總集」修法的傳承啓請文。出自《大寶伏藏》，卷 9，頁 379-380。

《三界圓滿解脫》（*The Complete Liberation of the Three Worlds, rdzogs pa chen po yang zab bla sgrub dkon mchog sphyi 'dus las: rdzogs rim khrid yig khams gsum yongs grol*）：包含了與「三寶總集」（Gathering of the Jewels）相關圓滿次第禪修的教授，蔣貢康楚著。出自《大寶伏藏》，卷 8，頁 281-362。

《護法食子供養之日修簡軌》（*The Concise Daily Practice of Offering Tormas to Guardians of the Doctrine, bla ma dgongs 'dus kyi bka' srung chos srung gter srung gi gtor tshogs rgyun khyer bsdus pa*）：做爲修持「上師密意總集」之用，噶瑪恰美（Karma Chakmay）著。出自《大

寶伏藏》，卷7，頁 421-440。

《成就舞海》（*The Dancing Ocean of Accomplishment, bstan pa skyong ba'i dam can chen po rnams kyi phrin las dngos grub kyi rol mtsho*）：乃敏林傳承之護法供養儀軌，由局美多傑（Gyurmay Dorjay）和達瑪師利（Dharmashri）著。出自《大寶伏藏》，卷 39，頁 43-148。

《三蘊經》（*The Discourse of Three Clusters, 'phags pa phung po gsum pa zhes bya ba theg pa chen po'i mdo*）：英文版名為 "The Sutra of Three Heaps"，布萊恩·貝瑞斯福（Brian C. Beresford）所譯，出自《北傳清淨》（*Mahayana Purification*），由位於印度達蘭沙拉的西藏作品暨檔案圖書館（Library of Tibetan Works and Archives）出版，1980。

《佛藏滅破戒大乘經》（*The Discourse to End Lapses in Ethical Conduct, sangs rgyas kyi sde snod tshul khrims 'chal pa tshar gcod pa'i mdo*）：出自《甘珠爾》220。

《勸發聖增上意樂經》（*The Discourse to Inspire Noble Aspirations, lhag pa'i bsam pa bskul ba'i mdo*）：出自《甘珠爾》69。

《大樂受用》（*The Enjoyment of Great Bliss, sgrub chen bka' brgyad bde gshegs 'dus pa'i las byang bde ba chen po'i rnam rol*）：是修持八大善逝中圍本尊（Eight Great Configurations of Deities）之「八大善逝總集」（Garhering of the Joyful Ones）的事業儀軌，局美多傑著。出自《大寶伏藏》，卷 14，頁 185-238。

《普賢事業》（*Ever-Excellent's Essential Activity, kun bzang don phrin*）：英文版譯者無法找到這部經論的名稱；它的譯名乃英譯者猜度之作。

《事師法五十頌》（*Fifty Verses in Praise of the Spiritual Master, bla ma lnga bcu pa*）：拔毗天大（Aryasura）著，出自《丹珠爾》3721。

亞歷山卓‧伯金（Alexander Berzin）翻譯成英文，並收錄在其《大
手印盡除無明黑暗》（*The Mahamudra Eliminating the Darkness of
Ignorance*）一書，由位於印度達蘭沙拉的西藏作品暨檔案圖書館出
版，1978。

《熾焰輪》（*The Flaming Wheel, phir zlog 'khor lo 'bar ba'i gzhung man
ngag dang cas pa'i skor rnams*）：預防「誓句鬼」（damsi）的法典，
由祖古桑波達巴（Tulku Zangpo Drakpa）取出，收納在由蔣揚欽哲
旺波所著較長的教授法典中。出自《大寶伏藏》，卷45，頁197-
228。

《淨信之花》（*The Flower of Faith, rje btsun rin po che'i rnam thar gsol
'debs kha skong dad pa'i me tog*）：介紹塔拉納達生平的增補，蔣貢
康楚著。出自《藏傳佛教之教育珍寶》，卷12，頁453-456。

《十四根本墮》（*The Fourteen Root Downfalls, rdo rje theg pa'i rsta ba'i
ltung ba bcu bzhi pa'i 'grel pa*）：羅珂修美噶羅（Lakshmikara）著，
出自《丹珠爾》2485。

《三根本酬補供養儀軌》（*The General Fulfillment Offering to the Three
Sources, rtsa gsum rab 'byams kyi bskang rin chen 'bar ba'i phreng
ba*）：主要是供養護法的儀軌，策旺諾布（Tsaywang Norbu）和帕
渥多傑突拉嘉瓦（Pawo Dorjay Tsuglak Gawa）著。出自《大寶伏
藏》，卷41，頁157-170。

《具誓護法食子共同供養儀軌》（*The General Torma Offering to the
Committed Protectors, dam can spyi'i gtor ma'i chog ngur bsdus pa*）：
局美多傑（Gyurmay Dorjay）著。出自《大寶伏藏》，卷41，頁
1-14。

「大樂、甚深與明晰」（Great bliss, profound and clear, *bde chen zab gsal*）：是塔拉納達為自己所寫之祈願文集。

《嘎爾廣大桑煙供》（*The Great Fragrant Smoke Offering of Gar, sgar bsangs chen mo yid bzhin dbang rgyal dngos grub char 'bebs*）：帕登達巴秋揚（Palden Drakpa Chokyang）著，彙編自第二、第三、第九世噶瑪巴的撰述，在八蚌寺和龍德寺出版。

《持咒廣軌》（*The Great Manual of Mantra Practice, sgrub chen bka' brgyad bde gshegs 'dus pa'i bsnyen pa'i go don lag len dang cas pa'i yi ge rin chen sgron me*）：修持八大善逝中圍本尊之「八大善逝總集」的教授儀軌，達瑪師利著。出自《大寶伏藏》，卷 14，頁 1-88。

《修心七要論》（*The Great Path of Awakening, theg pa chen po'i blo sbyong don bdun ma'i khrid yig blo dman 'jug bder bkod pa byang chub gzhung lam*）：針對《修心七要》（*The Seven Points of Mind Training*）所寫之論釋，蔣貢康楚著。出自《全集》，卷 8，頁 614-660。英文版譯者為肯恩·麥克里歐（Ken McLeod），由位於美國波士頓的香巴拉出版社出版，1987。

《大手印：了義海》（*Great Seal: The Ocean of Certainty, lhan cig skyes sbyor gyi zab khrid nges don rgya mtsho'i snying po phrin las 'od 'phro*）：是第九世噶瑪巴旺秋多傑（Wangchuk Dorjay）為老師們所寫的禪修手冊，在八蚌寺和龍德寺出版。

「護衛佛法」（Guarding the doctrine of the Buddha, *sangs rgyas bstan srung*）：護法寺的喇嘛每日念誦之祈願文，查無出處。

「三界之導引」（The guide of the three worlds, *'jig rten gsum mgon ma*）：由蔣揚欽哲旺波所寫之蔣貢康楚長壽祈願文，查無出處。

《入菩薩行論》（*A Guide to the Bodhisattva's Way of Life, byang chub sems dpa'i spyod pa la 'jug pa*）：寂天（Shantideva）著，出自《丹珠爾》3871。英文版譯者為史帝芬‧巴奇勒（Stephen Batchelor），由位於印度達蘭沙拉的西藏作品暨檔案圖書館出版，1979。

《蓮花密續心要》（*The Heart of the Lotus Tantra, padma'i snying po'i rgyud*），出自《大寶伏藏》，卷 42，頁 297-300。涵括在《蓮花密續心要念誦儀軌》（*The Ritual for the Recitation of The Heart of the Lotus Tantra*）內。

《般若波羅密多心經》（*The Heart of the Perfection of Wisdom Discourse, bcom ldan 'das ma shes rab pha rol tu phyin pa'i snying po*）：出自《甘珠爾》21，英文版有許多版本。

《十六尊者皈依供養文》（*The Homage and Offering to the Sixteen Elders, gnas brtan phyag mchod*）：班智達薩迦師利（Pandit Shakya Shri）著。收納在八蚌寺版《噶瑪巴口耳傳承常見之祈願文》（*The Book of Common Prayer of the Oral Instruction Lineage of the Karmapas*），頁 32a-33b。

「諸佛之示現」（In the presence of the buddhas, *rgyal ba mdun ma*），也被稱為《覺囊傳承遍知之父暨其法嗣之祈願文》（*The Supplication to the Omniscient Father and Spiritual Heirs of the Jonang Lineage, kun mkhyen jo nang pa chen po chos rje yab sras rnams kyi gsol 'debs byin rlabs can*）：亞安昆嘉（Nya-n Kunga）著。

「諸佛慈悲之轉世」（The incarnation of the compassion of all buddhas, *rgyal ba yongs kyi*）：帕渥突拉嘉瓦（Pawo Tsuklak Gawa）著，第九世泰錫度仁波切貝瑪寧傑旺波（Payma Nyinjay Wangpo）圓寂後，由

第十四世噶瑪巴德秋多傑（Tekchok Dorjay）改寫成為貝瑪寧傑旺波長壽祈請文，在八蚌寺出版。

《鐵山》（*The Iron Mountain, padma 'od 'bar tse sgrub lcags kyi ri bo gud du phyes nas bskur tshul bltas chog bsdus te byas pa*）：噶瑪恰美所著之長壽修法。出自《大寶伏藏》，卷8，頁81-92。這是和這個修行有關的灌頂；英文版譯者一直無法找到這個法門的修持法本。

《解脫莊嚴寶論》（*The Jewel Ornament of Liberation, dam chos yid bzhin nor bu thar pa rin po che'i rgyan*）：岡波巴（Gampopa）著。英文版譯者為關特（H.V. Guenther），由位於美國波士頓的香巴拉出版社出版，1959。

《自在解脫階梯》（*The Ladder of Freedom, tsogs gsogs gi rim pa dang rjes su 'brel pa'i sdom pa gsum gyi gso sbyong rgyas bsdus thar pa'i them skas*）：乃清淨修補三律儀之儀軌，蔣貢康楚著。出自《全集》，卷13，頁177-226。

《敏林德千自在解脫生平》（*The Life of Freedom of Minling Terchen, gter chen chos kyi rgyal po'i rnam thar gsol 'debs zhal gsungs ma*）：局美多傑（敏林德千本人）著。出自《大寶伏藏》，卷3，頁261-266。

《大方廣勝彌勒所說獅子吼經》（*The Lion's Roar of Venerable Loving-Kindness Discourse, 'phags pa byams pa'i seng ge'i sgra chen po bstan pa'i mdo*）：出自《甘珠爾》67。

《巍峨宮殿》（*The Lofty Palace, dam chos rdzogs pa chen po sde gsum las: gsang skor yi dam bskyed rim dang byang bu khrigs su bsdebs pa*）：由秋吉德千林巴（Chok-gyur Daychen Lingpa）取出之八大善逝中圍本尊修法的伏藏教授；此一法本是由蔣揚欽哲旺波所寫。出自《大寶

伏藏》，卷 58，頁 571-586。

《慈心》（*Loving Mind, sems btse ma*）：取擷自彌勒菩薩（bodhisattva Loving-Kindness）之《大乘經莊嚴論》（*The Ornament of the Discourses, theg pa chen po mdo sde'i rgyan*）的祈請文，出自《丹珠爾》4020。

《大手印盡除無明黑暗》：是中等長度的法本，亞歷山卓伯金翻譯成英文，由位於印度達蘭沙拉的西藏作品暨檔案圖書館出版，1978。

「上師金剛持」（The master who holds the vajra, *bla ma rdo rje 'dzin ma*）：承認自身行為之過的祈願文。收納在八蚌寺版《噶瑪巴口耳傳承常見之祈願文》，頁 12b-13a，作者未被提及。

《有意義的觀看》：由塔拉納達（Taranata）所著、關於六支加行（Six Branches of Application）之教授法本。出自《藏傳佛教之教育珍寶》，卷 17，頁 133-231。

《寶積經》（*The Mound of Jewels Discourse, 'phags pa rin po che'i phung po zhes bya ba theg pa chen po'i mdo*）：出自《甘珠爾》88。

《煙供山》（*The Mountain of Burnt Offerings, rig 'dzin srog sgrub las ri bo bsang mchod*）：供養冤親債主的法本。當哈桑南卡吉美（Lhatsun Namka Jikmay）在錫金開啓一處聖地時，在搖手鼓聲中，首度聽聞此一法本。出自《大寶伏藏》，卷 43，頁 569-572。

「南無觀自在菩薩」（Namo Lokeshvara），也被稱為《投生淨土祈願文》（*The Prayer for Rebirth in the Blissful Pure Land, bde ba can du skye ba 'dzin pa'i smon lam*）：由多波桑傑（Dolpo Sang-gyay）撰寫。

《供養自身薈供》（*Offering a Vajra Feast to One's Own Body, padma'i zhal gdams grol thig mthong ba rang grol las: rang lus a nu'i tshogs mchod*）：結合了伏藏教授和龍欽巴所寫關於禪修的法本。出自《大

寶伏藏》，卷 41，頁 127-130。

「遍知法主」（The omniscient lord of spiritual life, *kun mkhyen chos rje*）：
多波桑傑爲自己和十三位弟子所寫的祈願文。多波桑傑說，這十三
位弟子等同於他。

《上師心意寶論》（*The Ornament of the Guru's Mind, rdzogs pa chen po
yang zab bla sgrub dkon mchog spyi 'dus kyi khrid yig gu ru'i dgongs
rgyan nyin byed snying po*）：仁津策旺諾布（Rikzin Tsaywang Norbu）
著，是一本修持「三寶總集」的教授法本。出自《大寶伏藏》，卷
8，頁 177-280。

《蓮師口耳教授：持咒指南》（*Padmakara's Oral Instructions: A Guide to
Mantra Practice, yang zab dkon mchog spyi 'dus kyi bsnyen yig bklag
chog tu bkod pa padma'i zhal lung*）：是一本修持「三寶總集」的教授
法本，蔣貢康楚著。這本書本應收錄在《全集》，但卻不在欽哲仁
波切（Kyentsay Rinpochay）編輯的版本中，由八蚌寺出版。

《敏林德千之過去生世》（*The Past Lives of Minling Terchen, chos rgyal
gter bdag gling pa'i 'khrung rab kyi gsol 'debs ngo mtshar rgyan gyi me
tog*）：蔣貢康楚著，由八蚌寺出版。

《諸願任運如意祈請文》（*The Prayer for the Spontaneous Fulfillment of
Wishes, bsam pa lhun grub*）：蓮師致贈給王子慕提桑波（Prince Mutri
Tsenpo）的祈願文，是一個由祖古桑波達巴（Tulku Zangpo Drakpa）
取出之伏藏法典，由仁津高登謙（Rikzin Godem Chen）謄寫。雖
然它和《七願文》（*The Seven Prayers*）分別被取出，但是卻被視爲
《七願文》中的第七篇願文，並且一起印行於《大寶伏藏》，卷 5，
頁 172-186。

《普賢願文》（*The Prayer of Ever-Excellent, kun tu bzang po'i smon lam stobs po che*）：由仁津高登謙取出。出自《大寶伏藏》，卷 60，頁 733-739。

《普賢行願文》（*The Prayer of Excellent Conduct, bzang po spyod pa'i smon lam*）：出自《華嚴經》（The Flower Ornament Discourse）。英文版名爲 "*The Flower Ornament Scripture*"，譯者爲湯瑪士·克萊瑞（Thomas Cleary），由位於美國波士頓的香巴拉出版社出版。參照英文版卷 3，頁 387-394。

《大手印祈請文》（*The Prayer of Great Seal Meditation, phyag chen smon lam*）：第三世噶瑪巴讓炯多傑（Rangjung Dorjay）著。收錄在八蚌寺版《噶瑪巴口耳傳承常見之祈願文》，頁 110a-111b。

《慈氏菩薩願文》（*The Prayer of the Aspirations of Loving-Kindness, byams pa'i smon lam*）：包含在《大寶積經》（*The Pinnacle of Jewels Discourse, dkon mchog brtsegs pa chen po chos kyi rnam grangs*）第四十一品。出自《甘珠爾》45。

《盡除修道障礙祈願文》（*The Prayer to Dispel Obstacles on the Path, gsol 'debs bar chad lam sel*）：由秋吉德千林巴取出之伏藏法典。出自《大寶伏藏》，卷 10，頁 51-58。

《預防非時橫死祈請文》（*The Prayer to Prevent Untimely Death, srung 'khor gnam lcags rdo rje'i thog chen log 'dren klad 'gems zhes bya ba zab mo dag snang gi skor*）：哈桑南卡吉美（Lhatsun Namka Jigmay）著，出自《大寶伏藏》，卷 45，頁 229-238。

《香巴噶舉傳承上師生平祈請文》（*Prayers Describing the Lives of Freedom of the Spiritual Masters of the Shangpa Instruction Lineage,* dpal ldan shangs pa bka' brgyud kyi ngo mtshar rin chen brgyud pa'i rnam thar gsol 'debs u dumba ra'i phreng ba）：蔣貢康楚著。出自《藏傳佛教之教育珍寶》，卷 12，頁 389-448。

「本然之清淨」（Pure from the origin, gdod nas rnam dag）：貝瑪寧傑旺波（Payma Nyinjay Wangpo）為自己所寫之祈願文。

《智慧顯耀》（Radiant Wisdom, rje btsun ras pa chen po la brten pa'i bla ma'i rnal 'byor tshogs mchod dang bcas pa ye shes dpal 'bar）：關於密勒日巴的禪修，蔣貢康楚著。出自《全集》，卷 1，頁 457-472。

《加持甘露》（A Rain of Blessings, bla ma'i rnal 'byor byin rlabs char 'babs kyi khrid yig）：修持上師相應之教授儀軌，貝瑪局美嘉措（Payma Gyurmay Gyatso）著。出自《大寶伏藏》，卷 5，頁 289-306。

《智慧之雨》（The Rain of Wisdom, mchog gi dngos grub mngon du byed pa'i myur lam bka' brgyud bla ma rnams kyi rdo rje'i mgur dbyangs ye shes char 'bebs rang grol lhun grub bde chen rang 'bar nges don rgya mtsho'i snying po）：第八世泰錫度仁波切卻吉炯涅彙編。英文版由那爛陀翻譯委員會（Nalanda Translation Committee）所譯，位於美國波爾德市的香巴拉出版社出版，1980。

《聖妙吉祥真實名經》（Reciting the Names of Gentle Splendor, 'phags pa 'jam dpal gyi mtshan yang dag par brjod pa）：出自《甘珠爾》360。英文版名為 "Chanting the Name of Manjushri"，譯者為艾立克斯・韋曼（Alex Wayman），由位於美國波士頓的香巴拉出版社出版，1985。

《憶念三寶經》（Remembering the Three Jewels Discourse, 'phags pa dkon mchog gsum rjes su dran pa'i mdo）：出自《甘珠爾》279。

《父子相見經》（*The Reunion of Father and Child Discourse, 'phags pa yab sras mjal ba zhes bya ba theg pa chen po'i mdo*）：出自《甘珠爾》60。

《蓮花密續心要念誦儀軌》（*The Ritual for the Recitation of The Heart of the Lotus Tantra, bla ma'i thugs sgrub bar chad kun sel las rang byung bklag pas grol ba padma'i snying po'i rgyud bklag thabs dang cas pa*）：蔣揚欽哲旺波著，出自《大寶伏藏》，卷 42，頁 295-302。參見《金剛薩埵聞即解脫修法》（*The Vajrasattva Practice of Liberation Through Hearing*）。

《香巴噶舉傳承上師供養儀軌》（*The Ritual of Offering to the Spiritual Masters of the Shangpa Instruction Lineage, 'gro mgon shang pa bka' brgyud kyi bla ma mchod pa'i cho ga yid bzhin nor bu*）：蔣貢康楚著。出自《藏傳佛教之教育珍寶》，卷 12，頁 357-388。

《秘密心髓：幻化密續》（*The Secret Essence: The Tantra of Illusion, rgyud thams cad kyi rgyal po dpal sgyu 'phrul rtsa ba'i rgyud gsang ba'i snying po*）：由位於美國柏克萊的塔尚（Tarthang Tulku）出版，1969。

《芝麻油燈》（*The Sesame Oil Lamp, bka' brgyad bde gshegs 'dus pa bsnyen yig til mar sgron me*）：關於八大善逝中圍本尊之修法的論釋，蔣貢康楚著。出自《全集》，卷 4。

《蓮師七句祈請文》（*The Seven-Line Invocation of Guru Rinpochay, tsig bdun gsol 'debs*）：本書提及兩篇蓮師七句祈請文，卻旺（Guru Chwang）傳承的是較長的祈請文，德千林巴（Daychen Lingpa）傳承的祈請文只有七句。

《修心七要》（*The Seven Points of Mind Training, blo sbyong don bdun ma*）：是上文提到的《修心七要論》之根本論。

《七願文》（*The Seven Prayers, o rgyan gu ru padma 'byung gnas kyi rdo rje gsung 'khrul pa med pa'i gsol 'debs le'u 'bdun ma lo rgyus dang cas pa*）：是蓮師應五位弟子之請所說，由祖古桑波達巴（Tulku Zangpo Drakpa）取出的伏藏法典，由仁津高登謙（Rinzin Godem Chen）謄寫。出自《大寶伏藏》，卷5，頁137-186。

《三士道次第》（*The Stages of the Path of the Three Types of Individuals, rgyal ba'i bstan pa la 'jug pa'i rim pa skyes bu gsum gyi man ngag gi khrid yig bdud rtsi'i nying khu*）：塔拉納達著。出自《藏傳佛教之教育珍寶》，卷3，頁181-273。

《三摩地王經》（*The Supreme Meditative Absorption Discourse, 'phags pa ting nge 'dzin mchog dam pa*）：出自《甘珠爾》137。

《金剛喜密續》（*The Tantra of Adamantine Joy, kye'i rdo rje zhes bya ba rgyud kyi rgyal po*）：出自《甘珠爾》417。

《吉祥時輪密續》（*The Tantra of the Glorious Wheel of Time, mchog gi dang po'i sangs rgyas las phyung ba rgyud kyi rgyal po dpal dus kyi 'khor lo zhes bya ba*）：出自《甘珠爾》362。

《勝樂輪密續》（*The Tantra of Wheel of Supreme Bliss, dpal bde mchog 'byung ba zhes bya ba'i rgyud kyi rgyal po chen po*）：出自《甘珠爾》373。

《三分食子供養》（*The Three-Part Torma Offering, gtor ma cha gsum gyi cho ga*）：對世間鬼神所做的供養，局美多傑（Gyurmay Dorjay）著。出自《大寶伏藏》，卷41，頁15-22。

《證悟事業寶庫》（*The Treasure Vault of Enlightened Activity, dpal ye shes kyi mgon po phyag drug pa'i sgrub thabs gtor ma'i cho ga dang cas pa phrin las gter mdzod*）：供養六臂護法（Six-Armed Protector）之儀軌，塔拉納達著。出自《藏傳佛教之教育珍寶》，卷 12，頁 573-592。

《二十五誓戒》（*The Twenty-five Vows, sdom pa nyer luga pa*）：卻吉旺秋（Chkyi Wangchuk）著，包含在蔣貢康楚的《兩座之間的修法》（*Practices for Periods Between Meditation Sessions, thun mtshams rnal 'byor nye bar mkho ba gsar rnying gi gdams rgag snying po bsdus pa dgos pa kun tshang*）中。出自《全集》，卷 12，頁 303-308。

《二十一度母讚》（*Twenty-one Homages in Praise of Tara, sgrol ma la phyag tshal nyi shu rtsa gcig gi bstod pa phan yon dang bcas pa*）：出自《甘珠爾》438。英文版名爲 "*The Praise in Twenty-One Homages to Our Lady, the Goddess Arya-Tara, with its Benefits*"，譯者是馬丁‧威爾森（Martin Willson），由位於倫敦的智慧出版社（Wisdom Publications）出版，1986。參照英文版頁 113-116。

《菩薩戒二十頌》（*Twenty Verses on the Bodhisattva Vow, byang chub sems dpa'i sdom pa nyi shu pa*）：旃陀羅果彌（Chandragomin）著，出自《丹珠爾》4081。英文版譯者爲馬克‧塔茲（Mark Tatz），收錄在《艱難的萌芽時期》（*Difficult Beginnings*）一書，由位於美國波士頓的香巴拉出版社出版，1985。

「持行蓮師之教授」（Upholding the instructions of Padmakara, *padmas lung zin*）：第十四世噶瑪巴德秋多傑（Tekchok Dorjay）爲第九世泰錫度仁波切貝瑪寧傑旺波所寫之長壽祈請文。貝瑪寧傑圓寂後，作者將它修改成祈請文。

《金剛薩埵聞即解脫修法》（*The Vajrasattva Practice of Liberation Through Hearing, bla ma'i thugs sgrub bar chad kun sel las rigs bdag*

rdo rje sems dpa'i gsang sngags thos pas grol ba）：蔣揚欽哲旺波著。
出自《大寶伏藏》，卷 42，頁 289-302。此法本包含在《蓮花密續心
要念誦儀軌》中，頁 295-302。

《紅法》（*Vermillion, mtshal ma*）：供養噶瑪巴口耳傳承護法的法本，此
法本上所寫的名稱為《三根本暨護法之食子供養》（*A Torma Offering
to the Three Roots and the Guardians of the Doctrine, rtsa gsum bka'
srung bcas kyi gtor bsngos*）。作者姓名未被提及。在此法本之始，第
八世泰錫度仁波切卻吉炯涅（Chkyi Jungnay）寫了一篇傳承祈請文。

《如意甘露：明光心要》（*Wish-Fulfilling Ambrosia: The Essential
Instructions of Luminosity, bdud rtsi shing 'od gsal gyi gnad yig*）：查無
出處。

《如意眼鏡蛇》（*The Wish-Fulfilling Cobra, klu gtor gdengs can 'dod
'jo*）：供養龍族之儀軌，局美多傑著。出自《大寶伏藏》，卷 28，
頁 43-52。

《淨信如意樹》（*The Wish-Fulfilling Tree of Faith, dpal ldan bla ma dam
pa'i rnam par thar pa dad pa'i ljon hsing*）：以偈頌體寫成，記錄塔
拉納達生平之自傳。出自《藏傳佛教之教育珍寶》，卷 12，頁 449-
452。

閉關手冊提及之人名

阿難尊者（*Ananda, kun dga'o*，意為「總是歡欣」）：佛陀的堂弟，也是佛陀最親近的弟子之一，被認為是蔣貢康楚前世的轉世之一。

阿底峽尊者（Atisha, 982-1054）：一位印度大師。在西藏，他的教法是知名的噶當傳承（Buddha's Word as Instruction Lineage，又稱佛語傳承）教法。

毘盧遮那：生於第七、八世紀，是蓮師的主要弟子之一，被認為是蔣貢康楚前世的轉世之一。

傑尊桑傑旺秋（Chetsun Sengay Wangchuk, *lche btsun seng ge dbang phyug*，意為「尊貴之舌」、「勇猛之獅」）：生於第十一、十二世紀，是一位伏藏師，曾經在從事一個半月的閉關期間，於淨觀中領受無垢友尊者的教授。蔣揚欽哲旺波在一次淨觀中見到傑尊桑傑旺秋，促使蔣揚欽哲旺波憶起甚深毘瑪心髓（Heart-Essence of Vimalamitra）的教法。

卻吉炯涅（Chkyi Jungnay, *chos kyi 'byung gnas*，意為「教法之源」，1700-1775）：第八世泰錫度仁波切，八蚌寺的創建者。

卻旺（Chöwang，又稱 Guru Chöwang，全名是 Guru Chökyi Wangchuk, *gu ru chos kyi dbang phyug*，意為「精神生活之主」，1212-1270）：是一位取出「秘密總集」（Quintessential Secret）等伏藏修法的伏藏師。

達波仁波切（Dakpo Rinpochay, *dvaks po rin po che*，意為「來自達波的殊勝上師」）：岡波巴的另一個名字。

德千林巴（Daychen Lingpa, *bde chen gling pa*，意為「大樂」）：十六世紀的伏藏師。本書中提及普世盛行之《蓮師七句祈請文》，即出自

　　他的傳承。

達瑪師利（Dharmashri，意為「光榮教法」，1654-1718）：是德達林巴
（Terdak Lingpa）的兄弟，眾多敏林傳承禪修法本的作者。

多波巴（Dolpopa）或多波桑傑（Dolpo Sang-gyay, *dol po sangs rgyas*，
意為「來自多波之佛」，1292-1361）：金剛瑜伽傳承（Vajra Yoga
Instruction Lineage）最傑出的上師之一。

吉美宇色（Drimay Özer, *dri med 'od zer*，意為「無瑕之光」）：參見
「龍欽冉江桑波」（Longchen Rabjam Zangpo）。

督杜多傑（Düdul Dorjay, *bdud 'dul rdo rje*，意為「伏魔金剛」，1733-
1797）：第十三世噶瑪巴（Karmapa）。

岡波巴（Gampopa, *sgam po pa*，意為「來自岡波的人」，1079-1153）：
是密勒日巴的主要弟子，也是第一世噶瑪巴的主要導師。

噶旺卻吉旺秋（Garwang Chökyi Wangchuk, *gar dbang chos kyi dbang
phyug*，意為「舞蹈之師」、「精神生活之主」，1584-1635）：第六世
夏瑪巴。

蓮師（Guru Rinpochay, *gu ru rin po che*，意為「殊勝上師」）：第七、
八世紀的印度大師，成功使密續佛法在西藏穩固地奠立。

呼卡拉（Humkara）：生於第七、八世紀，是使舊譯傳承教法在西藏建
立的八位偉大印度大師之一。

蔣貢喇嘛貝瑪噶旺（Jamgon Lama Payma Garwang, *'jam mgon bla
ma padma gar dbang*，意為「柔和怙主，舞蹈蓮花上師」，1813-
1892）：蔣貢康楚仁波切在本書中用這個名字來稱呼自己。貝瑪噶
旺是蔣貢康楚仁波切的密續法名。

蔣揚欽哲旺波（Jamyang Kyentsay Wangpo, *'jam dbyang mkhyen btse* *dbang po*，意爲「柔和旋律，智慧與愛的力量」，1820-1892）：是蔣貢康楚仁波切的上師、靈感和朋友。

吉登松貢（Jikten Sumgon, *'jig rten gsum mgon*，意爲「三界之怙主」，1143-1217）：是直貢噶舉（Drigung Kagyu）寺院體系的創始者。

噶瑪恰美（Karma Chakmay, *karma chags med*，意爲「了無執著」，1613-1678）：是著作豐沛的一位大師，他的著作成爲口耳傳承和舊譯傳承的一部分。

迦葉（Kasyapa, *'od srung*）：佛陀的親近弟子之一，佛陀圓寂後，擔負起僧團的重責大任。

瓊波那久（Kyungpo Naljor, *khyung po rnal 'byor*，意爲「大鵬金翅鳥瑜伽士」，978-1127）：數度旅行至印度尋找佛法教授的西藏人。他的主要上師是兩位女性：尼古瑪和蘇卡悉地。在西藏，他的教法成爲知名的香巴噶舉傳承，被認爲是蔣貢康楚前生世的轉世之一。

龍欽冉江桑波（Longchen Rabjam Zangpo, *klong chen rab 'byams bzang po*，意爲「無限廣大之殊勝」，1318-1363）：即龍欽巴，是舊譯傳承傑出的學者和禪修大師，被認爲是蔣貢康楚前生世的轉世之一。

馬爾巴（Marpa, *mar pa*, 1012-1096）：旅行至印度尋找佛法教授的西藏人。在西藏，他的教法成爲知名的馬爾巴口耳傳承（Oral Instruction Lineage of Marpa）。

密勒日巴（Milarepa, *mi la ras pa*, 1040-1123）：馬爾巴的主要弟子，他的一生中，大部分時間都在西藏中、西部和尼泊爾北部的洞穴禪修。

南開寧波（Namkay Nyingpo, *nam mkha'i snying po*，意爲「天空之心」）：生於第七、八世紀，是蓮師的主要弟子之一。

那洛巴（Naropa）：生於十一世紀，一位印度學者兼瑜伽士，是馬爾巴的根本上師。

尼古瑪（Niguma）：生於十一世紀，那洛巴的姊妹或妻子，是瓊波那久的主要弟子之一。

烏金雷托林巴（Orgyen Laytro Lingpa, *o rgyan las phro gling pa*, 1585-1656）：一位伏藏師，取出的伏藏法典包括「三寶總集」。他也是知名的傑尊寧波（Jatson Nyingpo, *'ja mtshon snying po*，意爲「彩虹之心」）。

烏金德達林巴（Orgyen Terdak Lingpa, *o rgyan gter bdag gling pa*, 1646-1714）：也就是局美多傑（Gyurmay Dorjay, *'gyur med rdo rje*，意爲「不變金剛」），敏珠林寺的創建者和伏藏師，被認爲是蔣貢康楚前世的轉世之一。

貝瑪局美嘉措（Payma Gyurmay Gyatso, *padma 'gyur med rgya mtsho*，意爲「蓮花，不變之洋」）：生於十七世紀末，烏金德達林巴的子嗣和主要弟子。

貝瑪寧傑旺波（Payma Nyinjay Wangpo, *padma nyin byed dbang po*，意爲「蓮花，強大之陽」，1774-1853）：第九世泰錫度仁波切，蔣貢康楚的主要上師。

讓炯多傑（Rangjung Dorjay, *rang 'byung rdo rje*，意爲「自生金剛」，1284-1339）：第三世噶瑪巴。

桑傑林巴（Sang-gyay Lingpa, *sangs rgyas gling pa*，意爲「佛」，1340-1396）：伏藏師，取出的伏藏包括「上師密意總集」（The Quintessential Vision of the Spiritual Master）。

蘇卡悉地（Sukasiddhi，意爲「大樂成就」）：生於十一世紀，印度女

性大師，瓊波那久的主要弟子之一。

檀東嘉波（Tang Tong Gyalpo, *thang stong rgyal po*，意爲「空性之王」，1385-1510）：許多禪修傳承的重要人物。香巴噶舉傳承教法的起始者，從尼古瑪那裡領受到這些教法。

塔拉納達（Taranata, *sgrol ba'i mgon po*，意爲「解脫怙主」，1575-1634），香巴噶舉傳承和金剛瑜伽傳承的重要人物，被認爲是蔣貢康楚前生世的轉世之一。

德秋多傑（Tekchok Dorjay, *theg mchog rdo rje*，意爲「無上道之金剛」，1797-1845）：第十四世噶瑪巴，是蔣貢康楚的上師之一。

德千仁波切（Terchen Rinpochay, *gter chen rin po che*，意爲「偉大殊勝之伏藏師」）：蔣貢康楚用來稱呼秋吉德千林巴（Chok-gyur Daychen Lingpa, *mchog gyur bde chen gling pa*，意爲「無上大樂」）的頭銜，是蔣貢康楚的良師益友。

無垢友尊者（Vimalamitra, *dri med bshes gnyen*，意爲「無謬之法友」）：生於第七、八世紀，印度大師，蓮師的上師之一，是使舊譯傳承教法在西藏建立的八位偉大印度大師之一。

旺秋多傑（Wangchuk Dorjay, *dbang phyug rdo rje*，意爲「強大金剛」，1556-1603）：第九世噶瑪巴。

耶喜措嘉（Yeshay Tsogyal, *ye shes mtsho rgyal*，意爲「智慧海后」）：生於第七、八世紀，是蓮師的主要弟子之一。

閉關手冊提及之諸佛菩薩、本尊暨修行法門

喜金剛（Adamamtine Joy, Gyaypa Dorjay, Hvajra, *dgyes pa rdo rje*）：新
譯派（Later Translations）無上瑜伽密續的一個本尊。

黑馬頭明王（Black Horse-Neck, Black Hayagriva, *rta mgrin nag po*）：馬
頭明王的忿怒尊，屬於八大善逝中圍本尊中蓮花佛部的忿怒本尊。

黑閻摩羅（Black Lord of Life, *tshe bdag nag po*）：是閻摩羅（或大威
德，Slayer of the Lord of Death, Yamantaka, *gshin rje gshed*）的其中一
種身相，屬於八大善逝中圍本尊中佛部的忿怒本尊。

無量光佛（Buddha Boundless Light, Amitabha, *'od dpag med*）：蓮花佛
部和極樂淨土之部主。在許多文化中，包括西藏，極樂淨土是佛教
徒希望投生之地。

昆盧遮那佛（或大日如來，Buddha of Complete Awareness, Maha-Vairochana,
kun rig）：新譯派事部密續的一個本尊。

瑪摩明王（Consummate King of the Mamos, *ma mo mngon rdzogs rgyal
po*）：八大善逝本尊中的一個忿怒尊。

「立斷」（或「斬斷執著」，Cutting Through the Solidity of Clinging, *kregs
chod*）：大圓滿（Great Perfection）修法的兩個主要部分之一。

無死和〔輪涅〕無入（Deathlessness and Non-Entering of both perfect peace
and cyclic existence, *'chi med 'chug med*）：香巴噶舉傳承的最高教法。

「直觀」（或「頓超」，Direct Vision, *thod rgal*）：大圓滿最高層次的教法。

八大善逝本尊（Eight Great Configurations of Deities, *sgrub pa bka' rgyad*）：
八種忿怒本尊的修法。這些修持法門是舊譯傳承主要的生起次第禪
修法門。

普賢如來（Ever-Excellent, Samantabhadra, *kun tu bzang po*）：是一位菩

薩和一個佛的名號。在閉關手冊中，蔣貢康楚用來指稱「佛」——
舊譯傳承無上覺醒之表徵。

五密續本尊（Five Tantric Deities, *rgyud sde lha lnga*）：香巴噶舉傳承的
禪修法門，把無上瑜伽密續（Highest Yoga Tantra）的五個本尊結合
為一個修法。

三寶總集（Gathering of the Jewels, *dkon mchog spyi 'dus*）：由烏金雷
托林巴（Orgyen Laytro Lingpa）取出的伏藏教法。在《大寶伏藏》
中，蔣貢康楚把它歸類為寂靜蓮師之身化身的修法。

八大善逝總集（Gathering of the Joyful Ones of the Eight Great Configurations
of Deities, *bka' brgyad bde gshegs 'dus pa*）：揚惹尼瑪宇色（Nyang Ral
Nyima Özer）取出的伏藏教法，是一個囊括所有八大善逝本尊的修法。

文殊妙音菩薩（Gentle Melody, Manjugosha, *'jam pa'i dbyangs*）：是八
大菩薩文殊師利菩薩（Gentle Splendor, Manjushri）的另一個名號。

文殊師利菩薩（Gentle Splendor, Manjushri, *'jam dpal*）：八大菩薩之一。

大吉祥天母（Glorious Goddess, *lha mo dpal chen mo*）：女財神。

長壽女（Goddess of Longevity, *tshe ring ma*）：喜馬拉雅山區的主要女
護法之一，和她的四位侍從女神在蓮師和密勒日巴尊者的影響下，
承諾護持佛教。

大圓滿（Great Perfection, *rdzogs chen*）：舊譯傳承直指心性的最高、最
直接的法門。

大手印（Great Seal, Mahamudra, *phyag rgya chen po*）：許多傳承中，直
指心性的最高、最直接的法門。

寶盒大手印（Great Seal of the Amulet Box, *phyag chen ga'u ma*）：香巴
噶舉傳承中，大手印修法的一個名稱。之所以取名為「寶盒大手

印」，是因爲瓊波那久從尼古瑪那裡領受了教法後，把它存放在一個檀香寶盒中，掛在他的頸項上。

龍欽心髓（Heart-Essence of Longchenpa, *klong chen snying thig*）：吉美林巴（Jigmay Lingpa）在三次淨觀中親見龍欽巴所取得的伏藏。在閉關手冊中，蔣貢康楚把它列入《大寶伏藏》關於阿底瑜伽（Ati Yoga）的部分。

持明心要（Heart-Essence of the Awareness Holders, *rig 'dzin thugs thig*）：由烏金德達林巴所取出的第一個伏藏。在《大寶伏藏》中，蔣貢康楚把它歸類爲寂靜蓮師之身化身的修法。

毘瑪心髓（Heart-Essence of Vimalamitra, *vi ma snying thig*）：源自印度大師無垢友尊者關於大圓滿教法之集結。無垢友尊者在蓮師入藏的時期造訪西藏，此教法屬於舊譯傳承的教法。

金剛薩埵心法（Heart Practice of Vajrasattva, *rdor sems thugs kyi sgrub pa*）：敏林傳承金剛薩埵修法的名稱。

上師內深心髓（Innermost Essence of the Spiritual Master, *bla ma yang thig*）：龍欽巴關於毘瑪心髓的一系列教法。

四本尊合修（Integrated Practice of the Four Deities, *lha bzhi dril sgrub*）：源自香巴噶舉傳承的修法，把四本尊合一而修。由於上師是這個中圍壇城中的主要觀修對象，因此被認爲是一種上師相應的修持法門。

獅面空行母（Lion-Faced Dakini, *seng ge sdong ma*）：在三寶總集的修法中，蓮師化現的女性忿怒尊。

忿怒尊金剛手菩薩（Lokatri, *drang srong dri med*）：是金剛手菩薩（Vajra-in-Hand, Vajrapani, *phyag na rdo rje*）的忿怒相。

慈氏菩薩（也就是彌勒菩薩 Loving-Kindness, Maitreya, *byams pa*）：八大菩薩之一。

屍陀林瑪摩（Mamo of the Charnel Ground, *dud khrod ma mo*）：舊譯傳承的女護法。

密咒女護法（即一髻佛母，Mantra Protectress, Ekajati, *sngag srung ma*）：舊譯傳承的主要女護法之一。

寂靜蓮師（Peaceful Guru, *gu ru bzhi ba*）：在三寶總集中，蓮師所化現的一種身相。

毘瑪甚深心髓（Profound Vital Essence of Vimalamitra, *vi ma la'i zab thig*）：由蔣揚欽哲旺波在二十四歲時，於一次的淨觀中見到傑尊桑傑旺秋，使蔣揚欽哲旺波憶起這一系列的教法。在閉關手冊中，蔣貢康楚把它列入《大寶伏藏》關於阿底瑜伽的部分。

鄔摩天后（Queen of Existence, *srid pa rgyal mo*）：舊譯傳承的女護法。

秘密總集（Quintessential Secret, *gsang ba 'dus pa*）：由卻旺（Guru Chwang）取出的伏藏。在閉關手冊中，蔣貢康楚把它列入《大寶伏藏》中一個關於究竟寂靜蓮師尊的內修法。

上師密意總集（Quintessential Vision of the Spiritual Master, *dgongs 'dus*）：在《大寶伏藏》中，蔣貢康楚把它歸類為寂靜蓮師之身化身的修法。

紅空行母（Red Celestial Woman, Red Kachari, *mkha' spyod dmar mo*）：紅空行母的修法構成香巴噶舉傳承教法的一部分。

秘密心要（Secret Vital Essence, *gsang thig*）：由秋吉德千林巴在蔣貢康楚閉關中心附近取出的伏藏教法。秘密心要的三個修持法門──金剛薩埵、真實嘿魯嘎和金剛橛，是閉關期間的日課。

斷境（Severance, *gcod*）：在盛行於喜馬拉雅山區的八大實修傳承中，斷境傳承是唯一源自西藏的一個傳承。瑪吉拉準是發展此一傳承的女性。

釋迦牟尼（Shakyamuni, *shakya thub pa*，意即「釋迦族的聖哲」）：即

歷史上的世尊佛陀。

六臂護法（Six-Armed Protector, Mahakala, *phyag drug pa*，即「瑪哈嘎拉」）：一個護法。此修行法門透過瓊波那久和香巴噶舉傳承從印度傳至藏語世界。從那個時候開始，六臂護法成為最被廣為修持的護法法門。

六支加行（Six Branches of Application, *sbyor ba yan lag drug*）：金剛瑜伽傳承的圓滿次第禪修。

尼古瑪六法（Six Doctrines of Niguma, *ni gu chos drug*）：尼古瑪直接從世尊金剛持那裡所領受的六種修法。尼古瑪六法是香巴噶舉傳承的根本法。

蘇卡悉地六法（Six Doctrines of Sukasiddhi, *su kha chos drug*）：蘇卡悉地直接從世尊金剛持那裡所領受的六種修法。蘇卡悉地六法構成香巴噶舉傳承的一部分。

毘沙門天財神護法（Son of Renown, Vaishravana, *rnam thos sras*）：財神和北方的守護神。

速作覺醒護法（Swift-Acting Fully Awakened Protector, *myur mdzad ye shes kyi mgon po*）：六臂護法的另一個名稱。

度母（Tara, *grol ma*，意即「自在解脫的女性」）：立誓永遠投生為女身，事業等同於一切諸佛的菩薩。

三種動中修行（Three Meditations-in-Action, *lam khyer rnam gsum*）：在香巴噶舉傳承中，是繼大手印之後的修法。

三黃本尊（Three Yellow Deities, *ser po skor gsum*）：三尊黃財神，即毘沙門天財神護法、黃臧巴拉（Yellow Jambhala）和財神天女（Goddess of Continual Wealth, lha no nor rgyun ma）。

鬼子母（Trokma, *'phrog ma*）：曾於佛前立誓的惡鬼。她每天接受出家

眾所供養的一部分食物，做為不傷害人道眾生的酬謝。

不動如來（Unshakable Buddha, Akshobya, *mi 'khrug pa*）：金剛佛部的部主。

金剛黑袍（Vajra Black-Caped One, *rdo rje ber nag can*）：歷代噶瑪巴的主要護法。

金剛橛（Vajra Dagger, Vajra Kilaya, *rdo rje phur ba*）：在八大善逝本尊中，是事業佛部的忿怒尊，這個本尊所持之橛有三面。

金剛持明（Vajra Holder, Vajradhara, *rdo rje 'chang*）：佛陀教授密續時所顯現的身相。

金剛薩埵（Vajrasattva, *rdo rje sems dpa'*）：密續佛教主要諸佛之一。

金剛孺童（Vajra Youth, *rdo rje gzhun nu*）：金剛橛的另一個名稱。

解脫心要（Vital Essence of Liberation, *grol tig*）：多杜林巴（Drodul Lingpa）所取出的伏藏教法。

勝樂輪（Wheel of Supreme Bliss, Chakrasamwara, *'khor lo bde mchog*）：新譯派無上瑜伽密續的一個本尊。

時輪（Wheel of Time, Kalachakra, *dus kyi 'khor lo*）：為一本尊，其修法代表新譯派密續的最高教法。

白空行母（White Celestial Woman, White Kachari, *mkha' spyod dkar mo*）：其修法構成香巴噶舉傳承的一部分。

白度母（White Tara, *Drolkar grol dkar*）或如意輪（Wish-Fulfilling Wheel, *yid bzhin 'khor lo*）：授予長壽和智慧的度母身相。

忿怒蓮師（Wrathful Guru, *gu ru drak po*）：三寶總集修法中蓮師的秘密身相。

真實嘿魯嘎（Yangdak Heruka, *yang dag he ru ka*）：八大善逝本尊中，金剛佛部的忿怒本尊。

JAMGON KONGTRUL'S RETREAT MANUAL translated and introduced by Ngawang Zangpo
Copyright © 1884 by Hugh Leslie Thompson
Published by arrangement with Snow Lion Publications
through Bardon-Chinese Media Agency
Complex Chinese translation copyright © 2008
by Oak Tree Publishing Co., a division of Cite Publishing Ltd.
ALL RIGHTS RESERVED

善知識系列　JB0047X

蔣貢康楚閉關手冊

作　　者／蔣貢康楚羅卓泰耶
英　　譯／雅旺桑波
中　　譯／項慧齡
編　　輯／游璧如
業　　務／顏宏紋

總　編　輯／張嘉芳
出　　版／橡樹林文化
　　　　　城邦文化事業股份有限公司
　　　　　台北市民生東路二段 141 號 5 樓
　　　　　電話：(02)25007696　傳眞：(02)25001951
發　　行／英屬蓋曼群島商家庭傳媒股份有限公司城邦分公司
　　　　　104 台北市中山區民生東路二段 141 號 2 樓
　　　　　客服服務專線：(02)25007718；25001991
　　　　　24 小時傳眞專線：(02)25001990；25001991
　　　　　服務時間：週一至週五上午 9:30 ～ 12:00；下午 13:30 ～ 17:00
　　　　　劃撥帳號：19863813　戶名：書虫股份有限公司
　　　　　讀者服務信箱：service@readingclub.com.tw
香港發行所／城邦（香港）出版集團有限公司
　　　　　香港灣仔駱克道 193 號東超商業中心 1 樓
　　　　　電話：(852)25086231　傳眞：(852)25789337
　　　　　Email: hkcite@biznetvigator.com
馬新發行所／城邦（馬新）出版集團【Cite(M) Sdn Bhd】
　　　　　41, Jalan Radin Anum, Bandar Baru Sri Petaling,
　　　　　57000 Kuala Lumpur, Malaysia.
　　　　　電話：(603) 90578822　傳眞：(603) 90576622
　　　　　Email：cite@cite.com.my

版面構成／歐陽碧智
封面設計／黃健民
印　　刷／中原造像股份有限公司

初版一刷／ 2008 年 5 月
二版四刷／ 2020 年 6 月
ISBN ／ 978-986-7884-81-7
定價／ 260 元

城邦讀書花園
www.cite.com.tw

版權所有・翻印必究（Printed in Taiwan）
缺頁或破損請寄回更換

國家圖書館出版品預行編目資料

蔣貢康楚閉關手冊 / 蔣貢康楚羅卓泰耶著；
雅旺桑波英譯；項慧齡中譯 -- 初版 .--臺北
市：橡樹林文化，城邦文化出版：家庭傳媒
城邦分公司發行，2008. 05
　面　；　公分 . -- （善知識系列；JB0047）
譯自：Jamgon Kongtrul's Retreat Manual
　ISBN 978-986-7884-81-7（平裝）

1. 藏傳佛教　2. 佛教修持

226.965　　　　　　　　　　　97005693